最新版

[増補改訂版]

Instagram
インスタグラム

集客
の教科書

[監修] 湊 洋一

北川 聖

nana

WAVE出版

はじめに

Instagramをビジネスで使う、集客をする、ものを売る、副業に使う、というのは、いつに間にか当たり前の光景になりました。Instagram以外にも数多くのSNSが普及して、多くの方々の生活に彩りを与えています。

コロナ禍という特殊な状況にあっても、電話以外の不特定多数とのコミュニケーションがとれるInstagramをはじめとしたSNSは、スマートフォンとともに一段と普及して、生活の一部になった感があります。

改訂前の本書が発売されたとき、Instagramというのはユーザーがどんどん増えて、たくさんのインスタグラマーが誕生して、アメリカなどではフォロワーが数百万人いるという著名人がたくさん誕生していました。

しかし、日本ではユーザー数が3000万人を超えてビジネスで使えそうであるものの、「どう使うのか？」という視点よりも「どう考えるか？」という書籍ばかり出版されていました。

本書は、小難しくあれこれ考えるよりも、とにかく「Instagramをビジネスにどう使うか？」「小さな会社の集客に役立つためには何をすればいいのか？」という点に注目して出版した初の書籍となったのではないかと思います。

そのため、初心者から中級者くらいまでの実践的な内容になってしまい、ヘビーユーザー・上級者の方々からはそれほど評価されませんでした。ですが、初めてInstagramを触る人にとっては、使い方、始め方に特化した入門書としては、「とても役に立った」というお言葉をたくさんもらいました。

その結果として、監修者、著作者の思惑を越えた広がりを見せたことは喜びでした。

　多額の広告宣伝費を使わなくても、「お客様とコミュニケーションをとれた」「実際にお店や会社にお客様がいらっしゃった」などと、Instagramが社会に浸透して、お店や会社の活動を消費者に直接知ってもらえる──こんなうれしいことはありません。

　もちろん広告宣伝費を少し使って、フォロワー集め、お客様集めもできます。ですが、プロでなくても直感的に、簡単に、さらに数千円という少額から参入できるというのも店舗経営者や中小企業経営者にとってはうれしいツールになっているではないでしょうか。

　その後、利用者は確認できるだけで5000万アカウントに迫り、コロナ禍という特殊な状況においても、多くのアカウントのフォロワーは増えつづけています。

　著者の1人である北川聖さんは、今では工務店だけではなく多くの業種のクライアントに対してのサポートを行なうようになりました。

　本書は、北川さんが毎日触っているInstagramの最新情報を余すところなく公開した、最新バージョンになります。

　また、もう1人の著者のnanaさんは、小売業の社員時代からフォロワーを増やしつづけて、副業で収益をあげてこられました。現在は専業のインスタグラマーとして活躍されています。

　本書は、入門書という前回の書籍の体裁をとりつつ、最新のリールやIGTVなどの映像系の内容やフォロワーを増やすための、新しい情報をなるべく盛り込みました。

　ただ、Instagramはどんどん新しい仕組みを実装していますので、2カ月くらい経つと一部の機能が変わったり、仕様が変更になっ

たりしてしまう、生きているメディアです。そのため、本書の内容は、2021年8月頃までの最新情報になっています。見た目が変わってしまっても、機能についてはほとんどそのまま使えることは経験上確かです。

　ぜひとも、皆さんのお店運営に、集客に、販売戦略に、Instagramを組み込んでいただいて、業績向上にお役立ていただければ幸いです。

　本書刊行に当たりご協力いただいた、著作の北川聖さん、nanaさんのお二人、編集の貝瀬裕一さん、デザインDTPの津久井直美さん、WAVE出版の皆さん、ありがとうございます。

　なお、本書のもとになったセミナーの映像を収録したDVDを送料無料でプレゼントいたします。ご希望の方は各QRコードから minato@mx-eng.jp へメールをお送りください（ご住所、氏名、メールアドレス、企業名・店舗名を必須にさせていただきます）。

2021年10月　湊 洋一

DVDのプレゼントはこちら→

執筆・編集協力　ヤマモトカウンシル
執筆協力　永峰英太郎
ブックデザイン・本文DTP制作　津久井直美
編集　貝瀬裕一（MXエンジニアリング）

インスタで売れないものはない！

[増補改訂版] Instagram集客の教科書　目次

はじめに …………………………………………………………………………… 02

第1章　Instagramをビジネスで使う　編集部

step 01　ビジネスプロフィールに切り替える………………………… 10

step 02　ビジネスプロフィールで把握できること ………………… 14

step 03　とりあえず写真を投稿してみよう………………………… 22

step 04　同業者やお客さまを検索してフォローする……………… 28

step 05　気に入った投稿に「いいね!」を付ける…………………… 31

step 06　自分の写真についた「いいね!」やコメントを
　　　　　チェックする ……………………………………………… 32

step 07　投稿にコメントを付けよう………………………………… 34

step 08　投稿に付いたコメントを削除する………………………… 38

step 09　写真にフィルターをかけて加工しよう…………………… 40

step 10　写真の調整を個別に行なう………………………………… 44

step 11　位置情報を付けて投稿する………………………………… 47

step 12　写真に写っている人をタグ付けしよう…………………… 49

step 13　動画を投稿しよう…………………………………………… 51

step 14　撮影済みの動画を調整して投稿する……………………… 54

step 15　ストーリーズを使ってみよう……………………………… 56

step 16	ライブ動画を配信しよう	59
step 17	IGTVで長い動画を作る	62
step 18	リールを使ってみよう	66
column	地図検索機能を使ってみよう	70
column	Instagramでショップが作れる	72

第2章 集客につなげるためInstagram活用法最新テクニック

北川 聖

step 01	**インスタ集客の基本**	74
	インスタのみで集客できる	75
	ユーザー誘導の手順	76
	実は難しいインスタ集客	79
step 02	**投稿時のキホンを学ぶ**	81
	毎日投稿する	81
	2枚以上投稿する	83
	会社のテイストに沿って統一感を出す	84
	写真はライバルとの差別化を図る	86
	スマホでは撮影しない	87
	画像編集は必ず行う	88
	ハッシュタグの付け方	91
	ハッシュタグで会社案内を作る	94
	文章を書くときの注意事項	96
step 03	**最新のインスタ活用 3つの注意点**	98

step 04 面白いようにフォロワーが増える 「神アングル」の法則 102

「その他」にアピールするのがカギ 103

「その他」を解明する 104

Instagram側に気に入られる写真をアップ 106

「神アングル」の写真を作る 108

アングルは正方形の枠で考える 110

シンプルな写真を目指そう 111

9分割グリッドで神アングルを作る 112

神アングルの拡散力と持続期間 114

神アングルの威力をさらに高める 115

神アングルの裏ワザテク 116

step 05 最新のインスタとは？ 118

step 06 写真の質より投稿の質 120

文字入り投稿と複数枚投稿の有効性　ケース① 120

文字入り投稿と複数枚投稿の有効性　ケース② 123

step 07 フォロワー数よりホーム数で拡散力が変わる 125

濃いファンを示す「ホーム」の数が重要 125

ファンを作るアカウント運用を 127

step 08 リール投稿の準備と録画・色み修正のコツ 128

1080HDで録画する 128

画像の色みを調整する 128

表紙の作成 130

プロフィール画像の作成 131

さあ、リールを投稿！ 131

第3章　お客さまがファンになる情報を拡散させる投稿テクニック　nana

step 01　インスタをバズらせる！ 134
step 02　インスタのアルゴリズム　1次拡散の仕方 137
step 03　インスタのアルゴリズム　2次拡散の仕方 139
step 04　アカウントのトンマナをそろえる 141
step 05　アクション数＝保存を増やす 147
step 06　「バズった」ときのインサイトは？ 150
step 07　お得ネタはリーチが伸びる 153
step 08　バズる投稿は最初の30分で決まる！ 154
step 09　ユーザーの滞在時間を長くする 155
step 10　ファンを増やす 157
step 11　ストーリーズの活用テクニック 159
　ストーリーズの活用テクニック①メンションをつける 159
　ストーリーズの活用テクニック②コラボライブを行なう 161
　ストーリーズの活用テクニック③質問スタンプを利用する 163
　インスタの機能をフル活用　商談ペースを早め、契約増加につなげる ... 164

おわりに 165

第1章

Instagramを
ビジネスで
使う

編集部

インスタグラムをビジネスで利用す
るための「ビジネスアカウント」の設
定方法と「インサイト(ユーザー動向)」
の見方、そして写真・動画を投稿する
際の基本操作について説明します。
プライベートですでに使っていると
いう方もぜひご一読ください。

STEP 01
ビジネスプロフィールに切り替える

Instagramをインストールしたら、最初にやることはビジネスプロフィールへの切り替えです。一般のアカウントの場合、投稿に対する反応は「フォロワー」と「いいね！」の数しか把握することができません。一方、ビジネスプロフィールに切り替えると「インサイト」機能を利用できるようになり、さまざまな数字を把握できるようになります。ビジネスでInstagramを使用する場合は、必ずビジネスプロフィールに切り替えておきましょう。

ビジネスプロフィールに設定する

01 プロフィール画面を表示させる

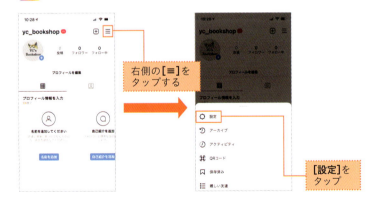

右側の[≡]をタップする

[設定]をタップ

02 設定画面が表示された

STEP 01 ビジネスプロフィールに切り替える

①[アカウント]をタップ

アカウント画面が表示された

②[プロアカウントに切り替える]をタップ

[無料のプロアカウントを取得]画面が表示された

[次へ]をタップ

1

Instagramをビジネスで使う

03 ［カテゴリを選択］画面が表示される

カテゴリを選択する

12

04 [事業主ですか？] 画面が表示された

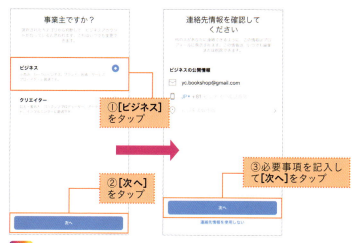

05 Facebookページをリンクが表示される

STEP 02

ビジネスプロフィールで把握できること

Instagramをビジネスプロフィールに切り替えると、どのようなことができるようになるのでしょうか。特筆すべきは「連絡先ボタンを設置できる」と「インサイトを利用できる」の2つです。

メリット1 　連絡先ボタンを設置できる

Instagramの投稿やプロフィールを見たユーザーが連絡を取りたいと思った場合、ビジネスプロフィールであれば、連絡先ボタンの2つ「電話する」「メール」を設置できます。

01 プロフィール画面を表示させる

①[プロフィールを編集]をタップ

[プロフィールを編集]画面が表示される

画面を下にスクロールする

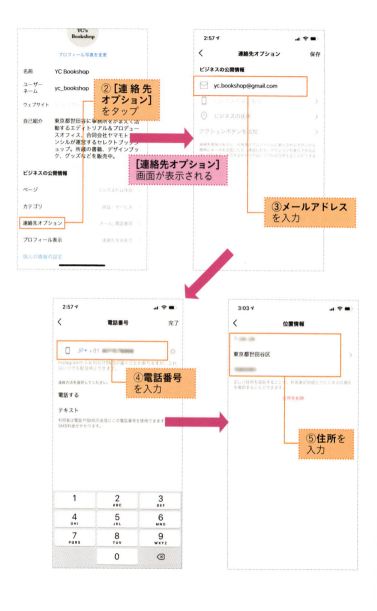

ビジネスプロフィールで把握できること

メリット2 インサイトが利用できる

　Instagramのインサイトは、Instagramが公式にリリースしている分析ツールです。アカウントのフォロワーのさまざまなデータや投稿した写真が、どこで発見されたかなどのデータを使うことができます。

その1　フォロワーのデータをつかむ

01 プロフィールページを開く

[インサイト]が表示される

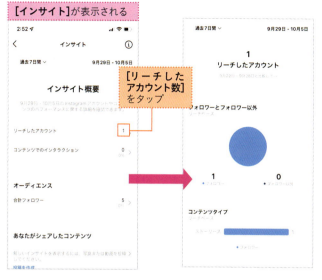

[リーチしたアカウント数]をタップ

[インサイト]に戻る

[コンテンツでのインタラクション]をタップ

STEP 02 ビジネスプロフィールで把握できること

17

1 Instagramをビジネスで使う

フォロワーについての情報をつかめ、カレンダーで自由に期間が選択できる。フォロワーが100人以上いる場合は、フォロワーの詳細を確認することができる。

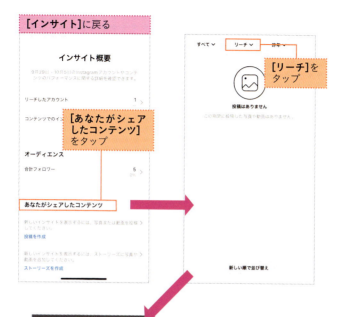

[リーチ]をタップすると[メールを送信]ボタンのタップ数や[電話をする]のタップ数、や「いいね！」の数、インプレッション数、コメント数、などの各指標が表示される（※この画面はビジネスプロフィールを作った直後で何も投稿していないので、まだゼロの状態）。

02 各投稿のパフォーマンスをつかむ

STEP 02 ビジネスプロフィールで把握できること

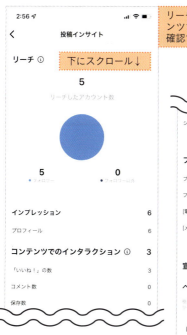

リーチやインプレッション、コンテンツでのインタラクションなどが確認できる

下にスクロール↓

リーチした アカウント数	投稿を閲覧したユニークユーザー数
コンテンツでの インタラクション	その投稿に対して、ユーザーが行なったアクションの合計
プロフィール アクティビティ	プロフィールを見た人の数
発見	「リーチにおける非フォロワー率」「投稿の表示状況」「どこ経由でこの投稿が発見されたか」がわかる
リーチ	投稿を最低１回見たユニークアカウントの数
インプレッション	投稿が閲覧された合計の数

21

STEP 03

とりあえず写真を投稿してみよう

Instagramをビジネスで活用する場合、とにもかくにも投稿をしなければ、その一歩を踏み出すことはできません。まずは投稿の仕方を覚えましょう。ビジネスで使うInstagramでは、あらかじめ撮影しておいた写真を投稿するのが基本です。その方法を見ていきます。

保存済みの写真を投稿する

01 ホーム画面を表示させる

①ここをタップ

②投稿する1枚を選び、タップ

02 新規投稿画面が表示される

STEP 03 とりあえず写真を投稿してみよう

1 Instagramをビジネスで使う

03 写真にハッシュタグをつける

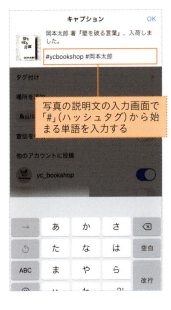

写真の説明文の入力画面で「#」(ハッシュタグ)から始まる単語を入力する

04 写真を公開する

[シェア]画面が表示される

[シェア]をタップ

※このときに[Facebook]や[Twitter]のスライダーをオンにしておくと、FacebookやTwitterにも投稿が反映される

05 投稿が完了した

ホーム画面に自分の投稿が表示された

投稿した画像の内容を編集する

01 編集したい投稿を表示する

プロフィール画面を表示する

編集したい画像をタップ

STEP 03 とりあえず写真を投稿してみよう

1 Instagramをビジネスで使う

02 編集をする

03 投稿の内容を編集する

04 投稿が編集された

投稿した写真を削除する

STEP 04

同業者やお客さまを
検索してフォローする

Instagramをビジネスで使う

　自社のInstagramアカウントを盛り上げるためには、こちらから、ほかのユーザーのアカウントをフォローしたり、あるいはフォローしてもらったりして、ユーザーとの交流を深めていく必要があります。まずは、検索機能を使ってフォローするユーザーを探す方法を紹介します。

ユーザーを検索する

01 ［検索］画面を表示

①［虫眼鏡］
をタップ

02 ユーザー名を検索する

03 プロフィール画面を表示する

04 プロフィールを確認し、フォローする

[フォローする]をタップ

...... STEP 05 ......

気に入った投稿に「いいね!」を付ける

　フォローしているユーザーの投稿には、積極的に「いいね!」を付けていくことが大切です。「いいね!」されたユーザーは気をよくして、あなたの投稿にも「いいね!」を付けてくれるようになります。フォロワーになってくれる可能性もあります。また、フォローしていないユーザーの投稿にも、どんどん「いいね!」を付けていきましょう。

写真に「いいね!」を付ける

01 「いいね!」を付ける

[ハートマーク]をタップ

02 「いいね!」が付いた

[ハートマーク]が赤色になった

Instagramをビジネスで使う

STEP 06

自分の写真に付いた「いいね!」やコメントをチェックする

自分の投稿に付いた「いいね!」は、定期的にチェックしていきましょう。「いいね!」を付けてくれたユーザーの投稿にも「いいね!」を返すようにすると、お互いの交流は深まっていきます。

「いいね!」やコメントを確認する

01 [アクティビティ]画面を表示する

「いいね!」がつくと、フキダシで表示される

[ハートマーク]をタップ

「いいね！」が付いた写真、付けた人、コメントなどが表示される

02 「いいね！」やコメントを確認する

前の画面の写真をタップすると、その投稿を確認できる

また、アカウント名をタップすると、そのユーザーのプロフィール画面が表示される

STEP 06 自分の写真に付いた「いいね！」やコメントをチェックする

33

STEP 07

投稿にコメントを付けよう

フォローしているユーザーの投稿には「いいね！」を付けるだけではなく、コメントも付けてあげましょう。そうすることで、さらに交流を深めることができます。また、自分の投稿にコメントが書かれたら、必ず返信してあげましょう。

Instagramをビジネスで使う

投稿にコメントを付ける

01 コメントの入力を始める　　**02** コメントを入力する

ここをタップ

[コメント]画面が表示された

① コメントを入力

② 入力を終えたら、**[投稿する]** (Androidではチェックマーク) をタップ

03 コメントが投稿された

コメントが相手のタイムラインに表示された

1

Instagramをビジネスで使う

コメントに返信する

01 コメントされた投稿を表示する

返信するコメントをタップ

コメントの画面が表示される

02 返信する

[返信する]をタップ

03 返信を入力する

コメント入力欄に、返信する相手のアカウント名が「@」付きで表示された

①返信の文面を入力
②[投稿する]をタップ

04 返信が表示された

返信のコメントが表示された

STEP 08

投稿に付いたコメントを削除する

　自分が書き込んだコメントや、自分が投稿した写真に付いたほかのユーザーのコメントは、いつでも削除できます。ただしトラブルの原因にもなるので、ほかのユーザーのコメントを削除するのは、誹謗中傷などの場合に限りましょう。

コメントを削除する

01 削除するコメントを選択する

削除したいコメントが付いた投稿を表示する

02 コメントを左にスワイプ

コメントを左にスワイプ

コメントが別画面に表示された

03 コメントを削除する

ゴミ箱のアイコンが表示された

ここをタップ

04 削除を取り消す

コメントが削除された

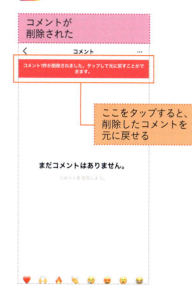

ここをタップすると、削除したコメントを元に戻せる

STEP 08 投稿に付いたコメントを削除する

STEP 09

写真にフィルターを かけて加工しよう

Instagramでは、投稿する写真について、その色あいを簡単に調節することができます。ここではフィルターをかける方法をレクチャーします。

フィルターをかける

01 ホーム画面を表示させる

02 フィルターをかける

画像調整画面が表示される

①好みのフィルターを選ぶ

②[次へ]をタップ

画像にフィルターがかかった

03 投稿する

[新規投稿]画面が表示された

①[キャプションを書く]に写真の説明文を入力する

STEP 09 写真にフィルターをかけて加工しよう

41

Instagramをビジネスで使う

04 写真にハッシュタグをつける

05 写真を公開する

前の画面の右上の[OK]を
タップすると[シェア]画面
が表示される

[シェア]を
タップ

06 投稿が完了した

ホーム画面に自分の投稿が
表示された

STEP 09 写真にフィルターをかけて加工しよう

43

STEP 10

写真の調整を個別に行なう

Instagramのフィルター機能を使っても、写真の調整がうまくいかないときは[編集]機能を使って、明るさやコントラストなどを、個別に調整します。

[編集]機能を使って、写真を調整する

01 調整を始める

加工する写真を表示させる

①[編集]をタップ

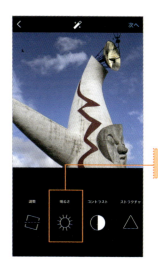

②調整したい項目をタップ
（ここでは[明るさ]をタップ）

02 明るさを調整する

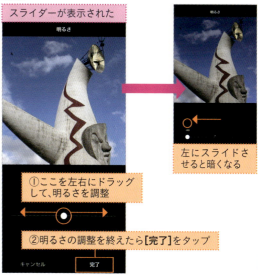

スライダーが表示された

①ここを左右にドラッグして、明るさを調整

②明るさの調整を終えたら[完了]をタップ

左にスライドさせると暗くなる

右にスライドさせると明るくなる

STEP 10 写真の調整を個別に行なう

45

○編集に用意された項目

調整	画像をトリミングしたり、写真の傾きや強度を調整できる機能
明るさ	写真の明るさを調節する機能
コントラスト	写真の最も明るいところと写真の最も暗いところの濃淡を調節する機能
ストラクチャ	写真全体の質感の変更や輪郭の強調をする機能
暖かさ	写真全体を暖かく、あるいは冷たく見せられる機能
彩度	写真の鮮やかさを調節する機能
色	写真の最も明るいところと写真の最も暗いところのカラーを変更できる機能
フェード	くすみを調節する機能
ハイライト	写真の最も明るいところを調節する機能
シャドウ	写真の最も暗いところを調節する機能
ビネット	周囲の明るさを黒くする機能
ティルトシフト	写真の選択した部分以外をぼかすことのできる機能
シャープ	写真の輪郭を強調することができる機能

STEP 11

位置情報を付けて投稿する

　Instagramで写真を投稿する際は、その投稿の位置情報を付与することができます。たとえば、自分の会社の位置情報を付ければ、ユーザーに会社の存在をアピールできるようになります。

写真に位置情報を付ける

01 位置情報を付ける

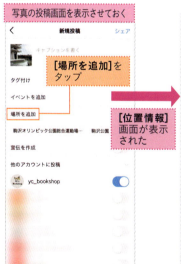

写真の投稿画面を表示させておく

[場所を追加]をタップ

[位置情報]画面が表示された

02 位置情報を決定する

①ここに場所の詳細を入力する

1 Instagramをビジネスで使う

住所の候補の一覧が表示される

②候補を1つ選んでタップ

03 投稿する

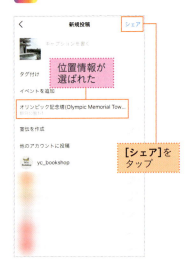

位置情報が選ばれた

[シェア]をタップ

04 投稿した写真に位置情報が付与された

場所の情報が付与され、写真が投稿された

STEP 12

写真に写っている人をタグ付けしよう

　Instagramで投稿する写真に、知人・友人などが写っているときや関係しているときは、人物のタグ付けをすることで、ほかのユーザーに、その写真に誰が写っているのかなどを知らせることができます。

人物のタグ付けをする

01 写真の投稿画面を表示させておく

02 写真のどの部分にタグ付けするか指定する

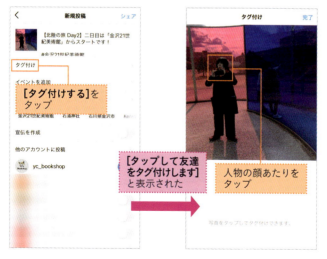

1 Instagramをビジネスで使う

03 ユーザーネームを入力する

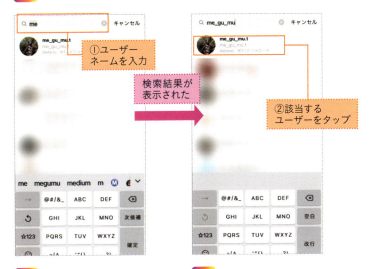

04 タグ付けを完了する

05 投稿する

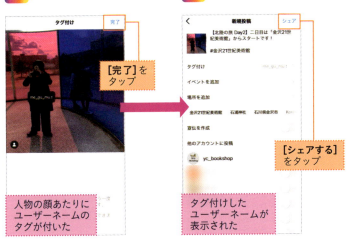

STEP 13

動画を投稿しよう

　Instagramでは、写真だけではなく、動画を投稿することができます。撮影可能な時間は3秒から60秒まで。撮影ボタンを押している間のみ録画されます。

動画を撮影して投稿する

01 カメラを起動する

①ここをタップ

02 カメラモードにする

②[カメラマーク]をタップ

1 Instagramをビジネスで使う

03 動画の撮影をスタート

[動画]画面が表示された。[撮影ボタン]を押している間のみ撮影できる

[撮影ボタン]を押しつづける

04 動画の撮影を終了する

①[撮影ボタン]から指を離すと撮影が終了する

05 投稿する

撮影した動画が再生された

①[カバー]をタップすると、サムネ映像として表示するコマを選択できる

②[次へ]をタップ

06 動画の説明文を入力する

07 動画を投稿する

08 動画の投稿が完了

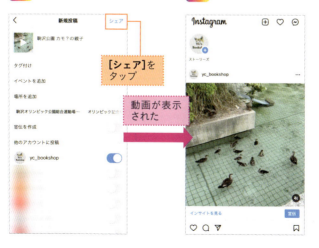

STEP 13 動画を投稿しよう

STEP 14

撮影済みの動画を調整して投稿する

撮影済みの動画をInstagramに投稿する場合は、動画の長さを調整する必要があります。始点と終了点を指定します。なお、60秒以内の動画であれば、特に調整しなくてもOKです。

動画の長さを調整する

01 投稿する動画を選択する

02 動画の長さを調整する

①動画ファイルをタップ
②[次へ]をタップ

動画の編集画面に切り替わる

①[トリミング]をタップ
②動画をタップ

03 始点と終了点を指定する

①左のバーを左右にドラッグして、始点を決める

②右のバーを左右にドラッグして、終了点を決める

04 動画の説明文を入力する

①説明文を入力

②入力を終えたら[OK]をタップ

05 動画を投稿する

06 動画の投稿が完了

[シェア]をタップ

自分の動画が表示された

STEP 14 撮影済みの動画を調整して投稿する

STEP 15

ストーリーズを使ってみよう

Instagramをビジネスで使う

　最近Instagramで人気を博しているのが「ストーリーズ」です。写真や動画をスライドショー形式で投稿できる機能です。文字やスタンプを加えて加工ができるのも、大きな特徴です。投稿は24時間で自動的に消えます。

写真を加工して、ストーリーズに投稿する

01 ストーリーの撮影画面にする

ホーム画面を表示させる

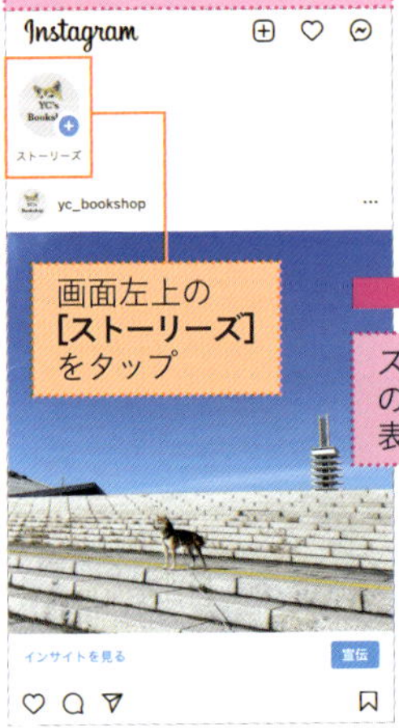

画面左上の[ストーリーズ]をタップ

ストーリーズの撮影画面が表示された

02 写真や動画を撮影する

[撮影ボタン]をタップ。長押しすると最大15秒の動画が撮影できる

03 画像に加工を加える
（ここではハッシュタグを入れる）

04 [#ハッシュタグ] を選択

ここをタップ

位置情報や投稿時間など、写真に表示できる一覧が表示される

[#ハッシュタグ]をタップ

05 ハッシュタグ名を入力

写真に[#ハッシュタグ]が貼られた

①ストーリーズの投稿に最適なハッシュタグ名を入力

②入力を終えたら[完了]をタップ

06 最適な位置に移動させて投稿する

ハッシュタグが貼られた

①ハッシュタグをタップ（タップするたびに色が変わるので選択する）

STEP 15 ストーリーズを使ってみよう

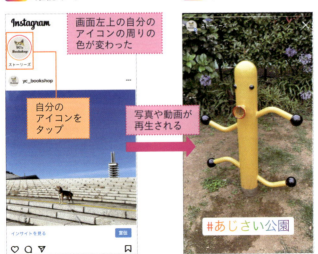

STEP 16

ライブ動画を配信しよう

　ストーリーズの機能の1つに「ライブ動画」があります。リアルタイムに動画を配信できるツールです。ライブ動画を終了する際は、そのまま破棄するか、24時間公開しつづけるかを選びます。

ライブ動画を配信する

01 ストーリーズの撮影画面に切り替える

ホーム画面を表示させる

①画面左上のアイコンをタップ

②[ライブ]をタップ

1 Instagramをビジネスで使う

02 ライブ動画の配信準備をする

[ライブ配信ボタン]をタップ

「接続を確認中です」に続いて、ライブ配信がスタートする

03 ライブ動画の配信スタート

配信をやめるときは右上の[×]をタップ

04 ライブ動画の配信を終了する

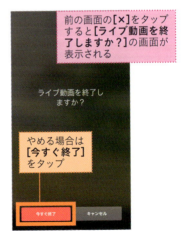

前の画面の[×]をタップすると[ライブ動画を終了しますか？]の画面が表示される

やめる場合は[今すぐ終了]をタップ

05 配信後の選択をする

[ライブ動画は終了しました] の画面が表示される

①**[IGTVでシェア]**をタップすると、IGTVに投稿される

②**[インサイトを見る]**をタップすると、ライブ動画のインサイトが確認できる

③**[動画をダウンロード]**をタップすると、ライブ動画がデバイスに保存される

④**[動画を削除]**をタップすると、ライブ動画が破棄される

Instagramをビジネスで使う

STEP 17

IGTVで長い動画を作る

　Instagramでは、これまで1分以上の動画配信ができなかったものの、Instagramの動画投稿ツールとして登場した「IGTV」によって、長い動画を配信することができるようになりました。なお動画は、スマートフォンのカメラ（ビデオ）で作っておきます。

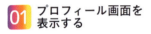

IGTVで動画を作る

01 プロフィール画面を表示する

02 自分で動画を配信する

62

03 配信する動画を選ぶ

①配信したい動画をタップ

選んだ動画が全画面表示される

②[次へ]をタップ

04 カバーを決める

カバーの選択画面が表示される

①左右にドラッグして、カバー(表紙)を決める

②決まったら[次へ]をタップ

05 タイトルを決める

動画がフィードに投稿された

⑤[IGTV動画を見る]をタップ

STEP
17

IGTVで長い動画を作る

65

STEP 18

リールを使ってみよう

　リール（Reels）とはInstagramで15秒から最大30秒の短尺動画を共有できる新機能です。動画にはスタンプやペイント、音楽、ARエフェクトなどを追加でき、よりクリエイティブな動画を作成・共有することができます。

写真や動画を加工して、リールに投稿する

01 リールの撮影画面にする

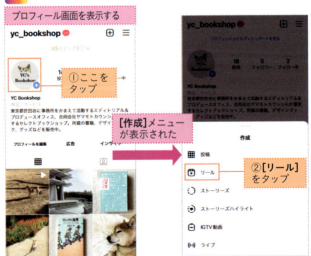

02 写真や動画を撮影する

[撮影]ボタンをタップ

03 画像に加工を加える
（ここでは音楽を入れる）

動画撮影が始まる

[♪]をタップ

[追加]をタップ

04 [ミュージック]を選択

使用できるミュージックの一覧が表示される

好きなミュージックをタップ

STEP 18 リールを使ってみよう

67

1 Instagramをビジネスで使う

05 始点と終了点を指定する

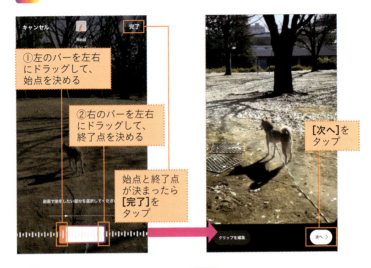

06 動画の説明文を入力する

07 動画を投稿する

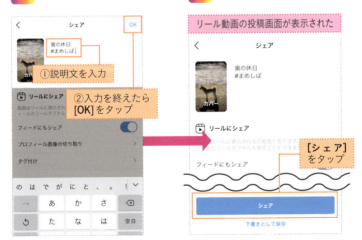

08 動画の投稿が完了

[リール動画を見る]をタップ

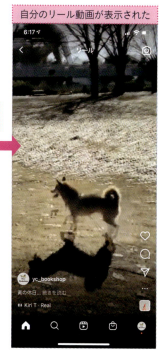

自分のリール動画が表示された

STEP
18

リールを使ってみよう

69

·······Column·······

便利な機能
地図検索機能を使ってみよう

近隣の人気スポットを検索できる便利な機能が「地図検索」です。カフェやレストラン、観光名所などの人気スポットが、その位置情報をつけてシェアされたフィード投稿と一緒に表示されます。

近隣の人気スポットを検索する

01 地図検索画面にする

02 地図検索する

近隣の人気スポットが地図上に
表示された面が表示された

見たいスポットをタップ

スワイプして選択した
スポットの情報を表示
させる

····· Column ·····

Instagramでショップが作れる
〜ショッピング機能について

　Instagramショッピング機能を使うと、Instagram上に投稿した写真にECサイトの商品ページを紐付けてスムーズに購入できる導線を作ることができます。

第2章

集客につなげるためのInstagram活用法最新テクニック

北川 聖

2021年に入ってInstagramの仕組みにいくつかの重要な変更点が出てきました。これまでのように、やみくもにフォロワーを増やせば投稿が拡散する状況ではなくなっています。ここでは「現在のInstagramの注意点」を踏まえながらビジネスに役立つ最新テクニックを紐解いていきます。

STEP 01

インスタ集客の基本

　一般的に、Instagramは写真を投稿して、フォロワーから「いいね！」をもらったり、こちらから「いいね！」を返したりして、コミュニティを広げるツールとして使われています。それゆえビジネス上で使っても、集客にはそれほどの効果はないと思いがちです。しかし実は、**Instagramは使い方次第でかなり効果のある「集客ツール」となる**のです。

　この1枚のキッチンの写真。一見すると、家具も人も写っていない「普通の写真」に思えますが、この写真を投稿するだけで、200〜300人のフォロワーが付き、1週間で1700程度の「いいね！」がもらえています。そして、その中から**「資料請求」→「商談」の流れが生まれている**のです。

インスタのみで集客できる

　インターネットを活用した集客というと、その軸を「自社サイト」に置きがちですが、Instagramの普及とともに、ユーザーの中には、Instagramを使って、情報を探すケースが増えています。そのためInstagramをスタート地点にして、自社サイトに誘導し、集客するスタイルが主流になりつつあるのです。

●×自社サイト→Instagram

　かつて工務店に勤務していた私は、当初インターネットで集客を図るには、自分の会社の「自社サイト」が何よりも重要だと考え、自社サイトに「これまでの実績（施工例）」を多く載せていきました。そして、自社サイトでは伝えきれない情報をInstagramを通じて発信していました。Instagramに上げる写真は、顧客のお子さんやペットの写真なども多く、どちらかというと日記みたいなもの。家の情報を探しているユーザーに興味を持ってもらうことはできませんでした。

●○Instagram→自社サイト

　Instagramで「家に関する情報」を探しているユーザーが多い

2 集客につなげるためのInstagram活用法最新テクニック　北川 聖

ことに気づくと、Instagramに流れる写真で、自社のことに気づいてもらい、そこで興味を持ったユーザーを「自社サイト」に誘導する流れを構築していきました。そのうえで、以下の4点を重要視しながら、Instagramを利用していきました。すると少しずつInstagramの投稿に目を留めるユーザー数が増えていき、Instagramから自社サイトに流れるユーザー数もアップしていったのです。

①自店の特徴に合う家の写真を載せる
②ハッシュタグを的確に付けて「フォロワー」や「いいね！」を増やす
③フォロワーが増えるように、こちらからもアプローチ
④どんどんフォローしていく

ユーザー誘導の手順

　集客ツールとして、Instagramを活用する以上、「いいね！」やフォロワーの数がいくら増えても、商談にこぎつけられなければ、まったく意味がありません。それゆえInstagramから自社サイトに誘導する導線をしっかり作ることが大切になります。

①「家に関する情報」を探しているユーザーに向けて、自店の特徴を的確に表している写真を用意する

②その写真に、的確なハッシュタグを付けて投稿する

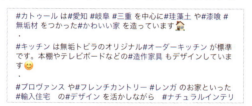

③ハッシュタグやオススメを通じて、ユーザーのInstagramに流れる写真で、自店に興味をもってもらい、Instagramのプロフィール画面に引き込む。プロフィール画面には、自社サイトのリンクを張る

STEP 01 インスタ集客の基本

④施工例を多く載せるなど、魅力的な自社サイトを用意する

⑤自社サイトの「資料請求フォーム」を通じて、ユーザーからコンタクトを得る

⑥商談をゲットする

実は難しいインスタ集客

ビジネスでInstagramを使おうとしても、まったく効果が得られず、途中で投げ出してしまうケースも多くみられます。ここでは、その理由について、見ていきます。

● リンクを貼れない

Instagramで写真を投稿する際は、その写真の内容を説明する文章を加えていきます。ビジネスでInstagramを使う場合は、この文章の中に、自社サイトのURLを貼って、スムーズにユーザーを誘導したいもの。しかし、Instagramでは、そのURLをクリックすることができません。

▼改善策

URLを貼ることのできるプロフィール画面にユーザーを誘導する！

● ライバルとの差別化が難しい

Instagramを使って、家に関する情報を「マイホーム」や「新築」などのハッシュタグで検索して探すユーザーは多くいます。しかし、そこにアップされている写真が、ユーザーの興味を引くものでなければ、ユーザーは「プロフィール画面」を見ることなく、ほかの写真に目を移してしまいます。

> **▼改善策**
> 写真のクオリティを上げるとともに、文章の書き方にも注意する。

● 時間がかかる

たとえば、「新築」のキーワードでハッシュタグ検索すると、写真がズラリと並びますが、その順位は「フォロワーが多い＝写真を上位表示する」というInstagram側の決め事があります。このフォロワーを増やすには、こちらから積極的にフォローをしたり「いいね！」を押したりして、フォロー返ししてもらうなどの手間がかかります。

> **▼改善策**
> 1日の中で、フォローをしたり「いいね！」を押す時間を作る。

...... STEP 02 ......

投稿時のキホンを学ぶ

　Instagramでフォロワーを増やすには、当然、自ら投稿していくことも大切になります。では、何に注意しながら、投稿していけばいいのでしょうか。ここではInstagram投稿のキホンについてレクチャーします。

　趣味でInstagramを利用しているのであれば、自由気ままに投稿すればいいのですが、ビジネスで使うのであれば、フォロワーも含めたInstagramのユーザーに響く投稿をする必要があります。

毎日投稿する

　フォロワーの「いいね！」をもらったり、新規のフォロワーを獲得するには、気まぐれで投稿していてはダメです。積極的に投稿することが大切になります。投稿のコツを紹介します。

2 集客につなげるためのInstagram活用法最新テクニック 北川 聖

🌕 毎日3回投稿する

「Instagramは生もの」と思ってください。次から次へと写真が上書きされていくので、1週間前の写真は、ほぼ誰の目にも留まりません。それだけに常にこちら側から新しい情報を発信しつづけましょう。ポイントは「ユーザーの見ている時間」に投稿するということ。主婦や社会人がターゲットユーザーであれば、昼休みや夜にInstagramを見る割合が高いといえるので、その時間を念頭に入れて、投稿するようにしましょう。

```
1回目　朝9時 …………… お昼に見る人のため
2回目　夕方6時 ………… 夜に見る人のため
3回目　深夜0時 ………… 深夜は競争率が低く目立ちやすい
```

※投稿が拡散するのにタイムラグがあるので早めに手を打つことが重要

投稿が拡散するには、タイムラグがあるので、少し早めに投稿するのもポイントになります

🌕 インサイトで閲覧時間をチェック

インサイトでは、フォロワーに関するさまざまな数値を確認することができます。その1つに「フォロワーアクティビティ」があります。フォロワーがInstagramを利用して

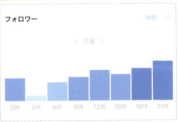

いる曜日・時間帯をチェックすることができます。インサイトをチェックし、最も閲覧時間の多い時間帯を狙って、投稿するようにしましょう。

2枚以上投稿する

　フォロワーになったユーザーは本当に気まぐれです。少しでも「つまらない」と思ったら、即フォローを解除します。そこで「既存フォロワーを飽きさせない」取り組みも大事になります。フォロワーの投稿に「いいね！」を付けたり、コメントを残すことも忘れないでください。

● 1枚の写真では飽きられる

　Instagramは、最大10枚までの写真や動画をまとめて投稿することができます。Instagramで複数枚をまとめて投稿することは、もはや常識ともいえます。それゆえ1枚だけでは、ユーザーの満足度を高めることができず、フォロワーが離れていってしまう可能性があります。2枚以上の投稿は必須です。

複数枚を投稿するときは、ユーザーは最初は1枚目の写真しか見られないため、当然、1枚目の写真のインパクトが重要になります

2 集客につなげるためのInstagram活用法最新テクニック　北川　聖

🔴 ストーリー性を持たせる

2枚以上投稿する場合、1枚目の写真に関連のある写真でそろえることが鉄則になります。たとえば、1枚目の写真が「キッチン」だったら、2枚目以降も、キッチンに関連する写真にすること。1枚目の写真からストーリーを作る形で、2枚目以降の写真をセレクトするとよいでしょう。

会社のテイストに沿って統一感を出す

それぞれの会社には、自分の会社ならではの"テイスト"があるものです。Instagramを利用する場合は、そのテイストに沿って、統一感を出していく必要があります。

🔴 統一感のある写真を投稿する

皆さんの会社のアピールポイントはなんでしょうか。まずは5つを目標にアピールポイントを挙げてみましょう。そうして、そのアピールポイントに合った写真を毎回、投稿し

ていきます。プロフィール画面には、自分のアイコン、自己紹介文などの基礎的な情報が載っていますが、大半を占めるのは、これまでに投稿してきた写真です。そのため、この写真に統一感があると、ユーザーは会社の特徴が一目でわかるようになるのです。

🌈 統一感があれば、ターゲットが絞られてくる

投稿する写真に統一感を出していくと、少しずつ、その写真に合ったユーザーが集まり、アクセスしてくるようになります。また Instagram側も、そうしたターゲットに、その写真をばらまくようになります。統一感がないと、まったく関係のないユーザーが目にすることになり、それではビジネスとして意味がなくなるのです。

2 写真はライバルとの差別化を図る

あまり深く考えずに投稿する写真を選ぶと、同業他社の写真と似てきてしまう可能性が高くなります。それでは埋もれてしまうだけです。ライバルとの差別化を図っていきましょう。

● Instagramは「野立ての看板」

街中でよく見かける「野立ての看板」。普段は、あまりに目に入ってきませんが、ときどきハッと目が止まることがあるものです。それは、その写真に「美しさ・シンプルさ」があるから。Instagramは、この「野立ての看板」だと考えてください。たとえば、「マイホーム」でハッシュタグ検索をすると、同じような写真が次から次へと流れてきます。この中でユーザーの指を止めさせるには「美しさ・シンプルさ」を持つ写真なのです。

● ライバルの写真を観察する

「美しさ・シンプルさ」を持つ写真を投稿するにあたり、もう1つ目を向けたいのが「競合他社はどのような写真を投稿しているか」です。たとえば、「新築」のキーワードでハッシュタグ検索をすると、インテリアの写真が多いことに気づきます。そこで考えたいのが「ほかのアングル」です。「インテリアの写真の中に、エクステリア（外

観)の写真があれば、目立つのでは?」といった発想をするのです。その結果、ユーザーの目が留まる確率は高まります。ライバルの写真をチェックし、そこにはない写真を投稿しいていきましょう。

ハッシュタグ検索で、ほかにはないアングルの写真を載せましょう

スマホでは撮影しない

「美しさ・シンプルさ」を表現するには、撮影するカメラにも、気を配る必要があります。ライバルとの差別化を図るためにも、スマホでの撮影からは卒業しましょう。

デジカメで撮影する

スマホのカメラは、被写体全体にピントが合う傾向が強いといえます。一方、デジカメだと背景をボカすことができ、ユーザーは対象物だけに目線がいくようになります。Instagramユーザーの多くはスマホで撮影するため、デジカメを使えば、それだけで差別化を図ることができます。人間の視覚に近い、美しくて自然

な仕上がり、そして色合いも濃厚なデジカメで撮影しましょう。

🔴 インスタ向きのカメラ

　ひと言でデジカメといっても、いろいろな種類があります。Instagramはスマホで見るので、大きなサイズの画像を使う必要はなく、高価な一眼レフカメラを使わなくてもOKです。10万円前後のコンパクトデジタルカメラやミラーレスがあれば十分です。

画像編集は必ず行なう

　Instagramは、写真をメインにしたSNSです。それだけに写真のクオリティがすべてといって過言ではありません。デジカメで撮ったままの無加工の写真では、なかなか「いいね！」を押してもらえないと覚えておきましょう。

🔴 はっきり、くっきり、きっちり写真を目指す

　デジカメで撮影した写真は「明るさ」「ホワイトバランス」「シャープネス」「傾き」の4つを自分で調整して、はっきり、くっきり、きっちりした写真になるように心がけることが大切です。手間と時間をかけて、画像のクオリティを上げることが、集客の増加に直結

するのです。

🟡 Lightroom（ライトルーム）で画像編集

画像編集ができるソフトは多数ありますが、おすすめは無料アプリ「ライトルーム」。ライト（露光量、コントラスト、ハイライト、シャドウなど）、カラー（ホワイトバランス＝色温度、色かぶり補正など）、効果（明瞭度、かすみの除去など）、ジオメトリ（ゆがみ、垂直方向など）といった調整がワンタッチでできます。

投稿時のキホンを学ぶ STEP 02

2 🔴 プロのカメラマンの画像も色調整する

　Instagramの画面は小さいため、中途半端な色あいでは、まったく目立ちません。それだけに「そんなにしちゃうの？」というくらい、はっきり、くっきり、きっちりの写真になるように調整しましょう。プロのカメラマンが撮影した画像を使う場合でも、画像は調整すべきです。左の写真のように、青空は、あざといくらい青くし、家の白い壁は、あざといくらい白くしましょう。また夕方の家の写真（右の写真）は、オレンジ色を、あざといくらいアレンジにしています。その一方で、空の青さは残るようにして、ハッと目が留まるようにします。

集客につなげるためのInstagram活用法最新テクニック　北川 聖

● インスタ投稿の手順

　最近のデジカメは、その多くがWi-Fi内蔵となっています。内蔵していない場合も、Wi-Fi内蔵SDカードで対応できます。この機能を使えば、その場でスマホにデータ転送ができます。次の4つのステップで、Instagramに投稿していきましょう。

---

　①デジカメで撮影する

　②Wi-Fiでスマホにデータを転送する

　※最近のカメラはたいていWi-Fiを内蔵しています。古いカメラの場合はWi-Fi内蔵のSDカードを使いましょう

　③ライトルームなど画像編集アプリで写真を加工する

　※たくさんの無料アプリがあるので、いろいろ試して自分が使いやすいものを選びましょう

　④Instagramに画像を投稿する

ハッシュタグの付け方

　Instagramで集客を図るためには、ハッシュタグの付け方がカギを握ります。1人でも多くのユーザーにアプローチするには、フォロワーだけを相手にするのではなく、それ以外のユーザーにも働きかける必要があるからです。ハッシュタグ検索をしているユーザーをしっかり囲い込みましょう。

01

STEP
02

投稿時のキホンを学ぶ

03

04

05

06

07

08

91

2 集客につなげるためのInstagram活用法最新テクニック　北川 聖

🟠 ハッシュタグ検索の上位表示は「フォロワー数」の多さがポイント

ハッシュタグの検索結果は、左側に人気投稿の「トップ」、右側に時系列の「最近」に分かれています。このうちデフォルトで表示されるのは「トップ」。それだけに「トップ」に上位表示されることが、多くのユーザーの目に留まることにつながります。上位表示されるには、フォロワーの数や「いいね！」の数が多いことが条件になります。

🟠 当初は、マイナーワードのハッシュタグで勝負

たとえば、工務店の場合、「新築」や「注文住宅」といったビッグワードは人気が高く、フォロワー数が少ない時期は、上位表示はされにくいといえます。フォロワー1000人くらいまでは、ビッグワードも使いつつ、「注文住宅のかっこいい工務店」など、マイナーワードのハッシュタグをつけるのもよいアイデアです。

「注文住宅」の投稿数は106万件、「新築」は157万件。一方、「注文住宅のかっこいい工務店」は約5000件となっています

🔴 地域名もハッシュタグに盛り込む

その地域のユーザーがお客さんになる確率の高い業種であれば、地域名を入れたハッシュタグは必須と考えてください。また「この地域からも集客したい」場合も、その地域のハッシュタグを入れましょう。

🔴 フォロワー3000人を超えたら、メジャーワードを使う

ハッシュタグ検索をするユーザーは、メジャーワードを入力し、自分が求める写真を探そうとしています。そのためフォロワー数が増えたら、積極的にメジャーワードを使っていきましょう。

🔴 ハッシュタグは30個まで付けられる

ハッシュタグは30個まで付けることができます。多ければ多いほど、ハッシュタグ検索でヒットしやすくなります。「30個は多すぎるのでは？」と思うかもしれませんが、そんなことはありません。「集客」のためには、使える手段は徹底的に使っていきましょう。

```
katou1_insta ·
扶桑のお家🏠
·
無垢のドアに無垢の床
LDKの珪藻土塗り壁
アイアンの階段手摺
·
これ全部カトゥールの標準です😊
·
#マイホーム #注文住宅 #新築計画 #新築
#カントリーインテリア
#ナチュラルインテリア
#フレンチスタイル
#男前インテリア
#Diy
#キッチン
#オーダーキッチン
#造作家具
#プロヴァンス
#レンガ
#カトゥール
#塗り壁
#珪藻土
#漆喰
#扶桑町
#扶桑
#愛知
#名古屋
#三重
#かわいい家
#見学会
#カフェ風
#カフェ風
#スタッフ募集
```

ハッシュタグで会社案内を作る

　ハッシュタグは30個まで付けられますが、文章の一番下に「#新築 #注文住宅〜」といった具合に、1つにまとめるのは、やめましょう。それだと誰も読もうとはしないからです。

🔴 ハッシュタグは重要な情報が満載

　ハッシュタグは、自社のウリが詰め込まれているといって過言

ではありません。たとえば、「プロヴァンス風住宅」をウリにしている工務店は、必ずこのキーワードをハッシュタグに盛り込むはずです。ところが、このハッシュタグを下にまとめてしまうと、誰も読もうとはしません。つまり、「注文住宅」で検索したユーザーに「プロヴァンス風住宅」を得意としていることを伝えることができないのです。これでは自社のウリを伝えることができません。

ハッシュタグで会社案内

ハッシュタグを読んでもらうには、キーワードで会社案内を作ることが大切になります。そうすることで、画像を見てくれたユーザーに、自社をよりアピールすることができるようになります。なお、ハッシュタグは、無効となる文字列があります。これらを使用すると、うまくタグ付けができなくなるので、注意しましょう。

```
#カトゥール は#愛知 #岐阜 #三重 を中心に#珪藻土 や#漆喰 #無垢材 をつかった#かわいい家 を造っています🏠
・
#キッチン は無垢トビラのオリジナル#オーダーキッチン が標準です。本棚やテレビボードなどの#造作家具 もデザインしています😊
・
#プロヴァンス や#フレンチカントリー #レンガ のお家といった#輸入住宅 の#デザイン を活かしながら #ナチュラルインテリア や#男前インテリア #カフェ風 インテリアなど、お客様の希望する#暮らし に合わせた#お家 の提案をさせて頂いております👍
・
#新築 の#注文住宅 から大規模な#リフォーム、 #キッチン や洗面などのプチ#リノベーション まで#おうち に関わることならなんでもやっています♪
・
#マイホーム の計画や、今のお#家 の建替えや#DIY を計画されている方は、お気軽にお問い合わせください！
・
・
```

> **無効になる文字列**
> ・スペース
> ・＄や％などの特殊文字
> ・途中で読点（、）を打つと読点以降は無効
> ・全角の「＃」
> ・「」や( )などの括弧系

文章を書くときの注意事項

　Instagramで集客をするには、画像について説明する文章も大事な要素になります。では、どのような文章を目指せばいいのでしょうか？

最初の2行が勝負を分ける

　Instagramでは、文章の量に制限はありませんが、ユーザーが最初に読めるのは、冒頭の2行のみです。この部分が、会社の名前だったり、ハッシュタグの羅列だったりすると、ユーザーは次の写真に移ってしまいます。それゆえ最初の2行は、ユーザーが「続きを読みたい！」と思うような内容を目指しましょう。

「more photo→＠ユーザー名」は必須

　ビジネスでInstagramを利用するのは、ユーザーをプロフィール画面に移行させ、自社サイトに誘導させるのが、最大の目的です。プロフィール画面に誘導するには、写真の上のアイコンを押す必要がありますが、Instagramのユーザーは、下へ下へと流す癖があり、なかなか戻ろうとはしません。そこで文章と会社案内の間に「more photo→＠ユーザー名」を設けて、プロフィール画面に誘導する

ことが大切になります。プロフィール画面であれば、自社の投稿の履歴がズラリと並んでおり、ユーザーの囲い込みが可能になります。そして、プロフィール画面には、リンクを1つ張れるため、必ず、自社サイトのURLを載せておきます。ユーザーがURLを押して、自社サイトにアクセスしてくる割合を増やしていきましょう。

STEP 03

最新のインスタ活用 3つの注意点

集客につなげるためのInstagram活用法最新テクニック　北川　聖

　私は2020年の1月に『Instagram集客の教科書』を出して以降、全国の工務店を中心に多くの企業のInstagramのアカウント運用を担ってきました。今では1万フォロワーを超える会社は40社を超え、最高6万2000フォロワーを抱えるアカウントも誕生しました。Instagramのアルゴリズムなどの変更に応じて攻略法も変わりますが、適切に運用することで、この1年でフォロワーがほとんどいない工務店が、4万7000フォロワーを獲得するに至った事例もあります。

● 変化を理解して適切な運用を

　現在、ビジネス利用における Instagram の活用はコロナ禍の期間を経て、ますます重要性が高まっています。しかし、日々変化を続ける Instagram の仕組み、拡散の傾向を理解して適切に運用しなければ、せっかく投稿しても十分な効果を得ることができません。ここではまず最初に、現在の Isntagram で気をつけるべき3つの注意点をみていきましょう。

● 注意点①
「いいね！」は24時間で1000個が目安

　これまでは「いいね！」をタップしつづけることでフォロワーを増やす方法が効果的、かつ初歩的な手段でした。しかし、やみくもに「いいね！」をタップしつづける人が問題視されたことで、現在では制限がかかり、24時間で1000個以上「いいね！」をタップするとブロックがかかる確率が高まっています。新設したばかりのアカウントだと、もっと少ない数の「いいね！」でブロックがかかってしまうようです。

　そして「いいね！」をタップするタイミングもチェックされていますので、ゲーム感覚で「いいね！」を短時間で連打すると、あっと言う間にブロックされてしまいます。「いいね！」をタップするタイミングは適度に時間を空ける必要があります。

　このように、ひたすら「いいね！」をタップすればいい状況が変わりました。しかし、今も「いいね！」をタップしてフォロワーを増やす方法が有効な手段であることには変わりありません。そこで、これからは1000個を目安に適度なタイミングで「いいね！」

をタップして有効活用しましょう。

🔴 注意点②
写真の質だけではなく投稿の質が重要

クオリティの高い写真を投稿することが拡散を左右する重要なポイントです。これは最新のInstagramでも変わりありません。ただ、今は「写真の質」よりも重要視されているポイントが「投稿の質」です。1枚の写真を投稿するだけではなく、複数の投稿を組み合わせた「複数枚投稿」や、ユーザーへの訴求力を高める文字を載せた「文字入り投稿」など、「しっかりとした投稿を作り込むこと」に重きが置かれているのです。1枚の写真で拡散させる時代は終わったこと理解して、ユーザーの心に届くように投稿の質を高めていきましょう。その方法論は本章のSTEP06を参考にしてください。

🔴 注意点③
拡散＝写真の質×フォロワー数×ファンの数

投稿を広く拡散させる、いわゆるバズらせるための方程式が「写真の質×フォロワー数×ファンの数」です。フォロワーが多いほど拡散しやすいことは事実ですが、そのフォロワーの中に、しっかりとした信頼関係でつながっているファンがどれくらいいるのか。その数をInstagramは厳密にチェックしています。

そのため、たとえばフォロワーがあまり多くなくても、ファンの数が多ければ拡散は起こりますし、逆に多くのフォロワーがいてもファンが少ないと拡散は起こりません。つまり、Instagramは写真の質とフォロワーの数とファンの数をもとに一定の係数の

ような方程式を導き出して拡散の仕組みを新しくしているのです。

　その変化と拡散の方程式を踏まえて、フォロワーとしっかりとコミュニケーションをとって濃い信頼関係性を作り、ファンを増やしていくことが重要になってきます。

STEP 03

最新のインスタ活用3つの注意点

面白いようにフォロワーが増える「神アングル」の法則

STEP 04

集客につなげるためのInstagram活用法最新テクニック　北川　聖

　フォロワー数が3000人を超えると、必然的に「いいね！」の数も増えます。Instagram側は「フォロワー数が多く、『いいね！』の数も多い」と、信頼のおけるアカウントと判断し、そのユーザーが投稿した写真は、ハッシュタグ検索などで上位表示されるようになります。しかし、これで満足してはいけません。さらにInstagram側の信頼度を上げる取り組みを実践することで、さらに多くのユーザーに、その写真の存在をアピールできるようになります。

フォロワー数3000人を超えたら、さらにInstagram側の信頼度を高めていきましょう。そうすると、フォロワー数1000人とフォロワー数1万5000人では、同じ写真を投稿しても「いいね！」の伸びが5倍〜10倍も違ってきます

「その他」にアピールするのがカギ

Instagramの各投稿の「インサイトを見る」をチェックすると「いいね！」「コメント」などの数が表示されます。さらに、その表示を上にスワイプすると、詳細データが表示されます。この詳細データは「インタラクション数」と「発見」に分かれます。このうち「発見」は、フォロワーではないユーザーの動向が把握できます。

「発見」をチェックする

「発見」は、「フォロー」「リーチ」「インプレッション」の3つの項目に大きく分かれます。重要になるのは、どこ経由でその投稿が発見されたのかがわかる「インプレッション」です。

発見	
113,614	
アカウント数が次の値に達しました: 94% あなたのフォロワーではない人	
フォロー	289
リーチ	113,614
インプレッション数	159,722
ホーム	13,891
発見	3,181
ハッシュタグ	2,757
その他	139,893

- **「フォロー」**・・・・・・・・・・この投稿を見て、フォローした人の人数
- **「リーチ」**・・・・・・・・・・・リーチにおける非フォロワー率
- **「インプレッション」**・・どこ経由でこの投稿が発見されたかの総数

●「インプレッション」の内訳表示

「発見」の中の「インプレッション」は、さらに、その内訳が表示されます。具体的には「ホーム」「プロフィール」「ハッシュタグ」「発見」「地域」「その他」になります。

> ・**ホーム**‥‥‥‥ タイムラインで表示された回数
> ・**プロフィール**‥ ID検索など直接ページに飛んでから
> 　　　　　　　　　表示された回数
> ・**ハッシュタグ**‥ ハッシュタグ検索で表示された回数
> ・**発見**‥‥‥‥‥ 発見タブ（虫眼鏡の箇所）で表示され
> 　　　　　　　　　た回数
> ・**地域**‥‥‥‥‥ スポット検索で表示された回数
> ・**その他**‥‥‥‥ 上記以外の回数

「その他」を解明する

インサイトの「発見」の中の「インプレッション」をチェックすれば、フォロワーではないユーザーが、どうやってその投稿にたどり着いたかがわかりますが、その中で注目したいのが「その他」です。

● 人気Instagramは「その他」が多い

フォロワーが数百人程度のInstagramのインプレッションの内訳を見ると、ハッシュタグやホームが多いのですが、フォロワーが3000人を超えだすと、ハッシュタグなどではなく「その他」の数が多くなる傾向にあります。

発見	
113,614	
アカウント数が次の値に達しました: 94% あなたのフォロワーではない人	
フォロー	289
リーチ	113,614
インプレッション数	159,722
ホーム	13,891
発見	3,181
ハッシュタグ	2,757
その他	139,893

🌈 虫眼鏡をタップした次の画面が「その他」

「その他」とは、Instagram の「虫眼鏡」(検索) をタップしたときに表示される画面のことです。ここではユーザーの閲覧履歴などから、Instagram 側ユーザーのが好みをつかみ、その好みにあったオススメ画像を並べます。たとえば、ハッシュタグで「新築」の写真ばかりを検索しているユーザーには、新築の写真をズラリと並べるのです。つまり、自分の写真が、この虫眼鏡をタップした先の画面に登場すれば、人の目に留まりやすくなり、「いいね！」の増加「フォロワー増加」が実現し、自社サイトの閲覧者数も増加するのです。

集客につなげるためのInstagram活用法最新テクニック 北川 聖

Instagram側に気に入られる写真をアップ

　ユーザーがInstagramの「虫眼鏡」をタップすると、そのユーザーの閲覧履歴などから、そのユーザーにあったオススメ画像を並べてくれます。ここで上位表示されるには、フォロワー数の多い信頼のおけるアカウントであるほか、クオリティの高い写真であることが大きな条件になります。

● クオリティの高い写真とは？

　次ページ左の写真——これこそが「クオリティの高い」写真です。この1枚の画像は、相当な実力者であり、トータルで11万人が閲覧し、3000人がプロフィールをチェック、さらに289人がフォローし、34人が自社サイトにアクセスしたのです。「えっ？　極めて普通の写真だけど？」と思った人も多いのではないでしょう

か。なぜ、この写真が多くのユーザーの目に触れることになったのか。それはInstagram側に気に入られたからなのです。

「インスタ映え＜インスタ側映え」を目指す

Instagramを飽きることなく使いつづけてもらうためには、ユーザーの好みにあった写真を「オススメ」として提供しつづけなければいけません。そこでInstagram側は、独自のアルゴリズムを使って、よい写真を選別して「オススメ」写真として、多くのユーザーの画面に流しています。つまり「Instagram映え」ではなく「Instagram側映え」する写真を投稿することが大切になるのです。具体的にいえば、「神アングル」の写真を投稿するのです。

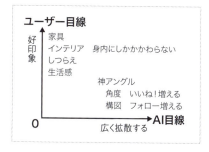

2 「神アングル」の写真を作る

「神アングル」の写真とは、どのようなものを指すのでしょうか。過去に投稿した写真の中で、特に「いいね！」の数の多かったものを集めていくと、ある法則が見えてきました。その法則に則った写真——それこそが「神アングル」の写真なのです。

これが神アングルの写真

下に挙げた15点の写真は、そのすべてが「神アングル」です。1枚1枚の写真をよく観察していくと、ある法則が見えてきます。

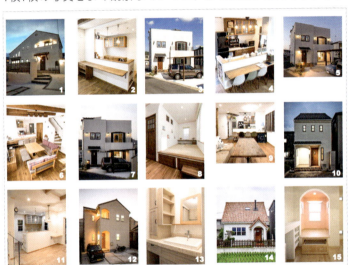

集客につなげるためのInstagram活用法最新テクニック　北川　聖

●「神アングル」は2つの構図を目指す

　下の15枚の写真を分析すると、大きく2つの構図に分かれることが明らかになります。まず、7、10、14、15は「どセンターの構図」になっています。一方、2、4、6、11、12、13、14に代表される写真は「奥行きが出ている構図」です。つまり、対象を中心に置き、奥行きのある写真を投稿すれば、Instagram側は「クオリティの高い写真」として、多くのユーザーのもとに届けようとするのです。

2 アングルは正方形の枠で考える

デジタル一眼やスマホで撮影した写真をInstagramに投稿する場合、その写真がそのまま掲載されるわけではありません。Instagramは正方形に切り取って掲載するのです。このことを理解することが、Instagram側に気に入られる写真を作り上げるための第一歩になります。

🔴 縦長が正方形に変わる

左の写真はiPhoneで撮影したものです。この写真を、そのままInstagramにあげると、上下が切り取られて、正方形の写真に変えられてしまいます。それだけに「どセンター構図」「奥行きが出ている構図」の写真をアップする場合は、まずは正方形に切り取るこ

とが大切になります。89ページで紹介したライトルームでも「切り抜き」→「3×4」→「1×1正方形」で、正方形に変えられます。

集客につなげるためのInstagram活用法最新テクニック　北川 聖

シンプルな写真を目指そう

　Instagram側は、その写真のクオリティが高いかどうかを、人間の目でチェックしているわけではありません。Instagramの写真判断システムが瞬時に判断しています。それだけに複雑な写真ではなく、シンプルな写真のほうが、判定はよくなります。

🌈 余計なものは入れない

　リビングの写真として、左右どちらの写真がいいでしょうか。答えは、左です。右の写真には、右の端に「廊下」などが映り込み、リビングの写真としては中途半端。さらに「どセンター構図」ではなくなっています。左側の写真はシンプルで、リビング感のあるものになっています。

2 9分割グリッドで神アングルを作る

集客につなげるためのInstagram活用法最新テクニック　北川　聖

　Instagramで写真をセレクトするときに表示される「9分割グリッド」。89ページで紹介したライトルームでも表示されます。ほかの画像編集アプリでも、9分割グリッドはついています。この9分割グリッドを使って、神アングルは作っていきます。

🔴 レッスン1 リビング
正方形になる設定にする

　カメラで撮ったままの写真は横長になっています。ライトルームで「切り抜き」→「3×4」→「1×1正方形」を選択します。

🔴 神アングルを作る

　正方形の神アングルを作り出していきましょう。まず9分割グリッドの右の3分の1に、縦の壁の線を載せます。さらに上の3分の1に奥の横の壁の線を載せます。また下の3分の1も壁の線を載せています。こうして、きれいに9分割の線に載せた状態で写真を切り取った、どセンターの構図ができ上がれば、それが神アングルです。Instagramの写真判断システムは「グリッドに壁の線が乗る」ことを重要視することを覚えておきましょう。

レッスン2

トイレ

　左の写真はプロのカメラマンが撮ったもの。ライトルームで正方形になる選択をしたら、左右3分の1の縦のグリッドに、トイレの奥の壁の線を載せます。どセンター構造になるように調整すれば、神アングルの完成です。

レッスン3

リビング

　このワイドな写真を神アングルにするには、上の3分の1に、右側のドアの上の線を載せます。下の3分の1には、右側の階段の線を載せます。左の3分の1には、左のドアの縦の線を載せます。どセンターにも、奥の縦の線を載せます。これで神アングルの完成です。

2 神アングルの拡散力と持続期間

　それでは神アングルにすると、どのくらいの拡散力と持続期間があるのでしょうか。そのパワーは、はかり知れません。

🌈 フォロワー600人の場合

　少ないフォロワー数であっても、神アングルの写真を使うと、それなりに拡散力があることがわかります。ただし持続期間は短めです。

神アングル

ワイドすぎ

アップすぎ

		神アングル		ワイドすぎ		アップすぎ
4時間後	リーチ	481	リーチ	219	リーチ	233
	いいね	81	いいね	51	いいね	44
	フォロー	0	フォロー	0	フォロー	0
	その他	236	その他	33	その他	44
12時間後	リーチ	1231	リーチ	373	リーチ	350
	いいね	133	いいね	71	いいね	64
	フォロー	0	フォロー	0	フォロー	0
	その他	916	その他	112	その他	104
24時間後	リーチ	2060	リーチ	531	リーチ	434
	いいね	172	いいね	81	いいね	72
	フォロー	1	フォロー	0	フォロー	0
	その他	1628	その他	210	その他	139
6日後	リーチ	2875	リーチ	695	リーチ	503
	いいね	187	いいね	90	いいね	80
	フォロー	3	フォロー	0	フォロー	0
	その他	2209	その他	301	その他	160

● フォロワー1万6000人の場合

多くのフォロワーがいる場合、神アングルの拡散力は相当なものがあるのがわかります。そして持続期間もかなり長く続きます。

神アングル

ワイドすぎ

アップすぎ

		神アングル		ワイドすぎ		アップすぎ
4時間後	リーチ	6542	リーチ	4391	リーチ	3948
	いいね	284	いいね	192	いいね	156
	フォロー	3	フォロー	1	フォロー	0
	その他	1415	その他	227	その他	54
12時間後	リーチ	11382	リーチ	6804	リーチ	5745
	いいね	428	いいね	280	いいね	207
	フォロー	9	フォロー	1	フォロー	0
	その他	4198	その他	663	その他	130
24時間後	リーチ	17354	リーチ	9340	リーチ	7069
	いいね	577	いいね	372	いいね	243
	フォロー	21	フォロー	2	フォロー	1
	その他	9039	その他	1767	その他	233
6日後	リーチ	53947	リーチ	15288	リーチ	9189
	いいね	937	いいね	476	いいね	299
	フォロー	104	フォロー	8	フォロー	1
	その他	49383	その他	6637	その他	847

神アングルの威力をさらに高める

神アングルで多くのユーザーに写真を届けても、ユーザーの指がとまる写真でなければ、意味がありません。ここで、ユーザーに見てもらえる、ちょっとしたテクニックを紹介します。

2 人の目を引く色あい

集客につなげるためのInstagram活用法最新テクニック　北川　聖

　昼と夕方の家の写真ですが、どちらがいいと思いますか？　家の写真は、白色が多いため、ハッシュタグで検索したときや、虫眼鏡をタップしたとき、そのような写真が多く目に入ることになります。昼と夕方の写真があれば、夕方の写真を選び、ほかとの差別化を図るのも、よいアイデアです。鮮やかな色あいは人目に留まりやすいからです。

いいね……………443
フォロー……………10

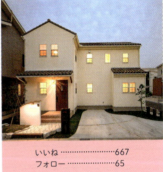

いいね……………667
フォロー……………65

神アングルの裏ワザテク

　神アングルの写真を投稿し、その写真に「いいね！」がたくさん付いたら、それで満足してはいけません。ここで裏ワザを紹介します。

毎月、繰り返し投稿する

神アングルの写真は、繰り返し投稿しても、Instagram側は「いい写真」と評価しつづけます。神アングルの写真で、さらにユーザーからの評価の高いものは、毎月繰り返して、投稿しましょう。その際は、前の月の投稿は、アーカイブに消して、少し文章を変えて、投稿するとベストです。

3月17日　いいね…877　フォロー…256
4月10日　いいね…1687 フォロー…647
5月11日　いいね…1820 フォロー…256
6月10日　いいね…984　フォロー…172
6月27日　いいね…847　フォロー…11
7月16日　いいね…2339 フォロー…875
8月9日　 いいね…1234 フォロー…219
10月19日 いいね…1509 フォロー…255
11月21日 いいね…1031 フォロー…126

複数枚投稿にする

神アングルの写真を投稿する際は、その1枚で終わらせるのではなく、複数枚投稿にすると、「いいね！」の数もフォロワーの数も増える傾向が強くなります。1枚目を神アングルにして、2枚目以降は、1枚目を補足する写真にするのです。

単品　いいね…767　フォロー…37
複数　いいね…2119　フォロー…502

単品　いいね…737　フォロー…68
複数　いいね…2215　フォロー…612

単品　いいね…475　フォロー…17
複数　いいね…1383　フォロー…204

STEP 05

最新のインスタとは？

集客につなげるための Instagram 活用法最新テクニック　北川　聖

　2021年からインスタグラムのホーム画面に大きな変更がありました。右下の画像のように、2021年からは画面の下の「ホーム」「検索」ボタンの右横に、新たに「リール（動画機能）」と「ショッピング」のボタンが差し込まれています。この変更は何を意味しているのでしょうか。

2020年版

2021年版

現在のインスタの立ち位置は「投稿→検索＆エンタテインメント」

追加された「リール」と「ショッピング」のボタンは、「検索」のボタンとともに"人の指が一番動かしやすい場所"に位置に置かれ、大きくアピールされています。これはInstagramが写真を投稿して楽しむアプリケーションを超越して、興味があるヒト・コト・モノを検索して情報を得たり、動画を楽しんだり、さらには買い物も楽しめる一大エンタテインメント施設のような存在を目指している意思の表れととらえることができます。

ホームページ以上に情報を落とし込む

今後のInstagramは、たとえばGoogleのようなプラットフォームに代わる存在になるポテンシャルを秘めています。私が始めた頃は写真を投稿して、自分たちの仕事を知ってもらって、そこから自社のホームページに飛んでもらい資料請求や、工務店でいえば見学会の予約をしてもらう。つまり、ホームページにつなぐ役割をInstagramに求めていました。

もちろんその役割は今も重要で効果があります。しかし、ここ2〜3年、クライアントのアカウントを運用しているうちに、自社のホームページのごとく充実した情報やメッセージを、Instagramでしっかりと伝えていくことが、よりダイレクトに、スピード感を持って多くの集客につながると実感しています。今後は、ホームページ以上に自社のことを効果的に発表する場所としてInstagramを積極的に活用することが、ビジネス利用において大きく求められているのです。

STEP 06

写真の質より投稿の質

Instagramで充実した情報を発信して、フォロワーとの信頼関係を深めていくために、先にお話しした通り、今は写真の質だけでは不十分で、投稿の質が求められています。私がアカウントを運用している工務店では、文字入り投稿や複数枚投稿を用いて、ブログのような記事や、暮らしに役立つ情報を発信してフォロワーを集めることに取り組んでいます。実際に私がアカウント運用している工務店を例に、写真だけの投稿と文字入り投稿の場合の拡散具合を見てみましょう。

文字入り投稿と複数枚投稿の有効性 ケース①

畳が敷かれたおしゃれなリビングを写した写真だけの投稿は約3万9000人に拡散しています。写真の質がいいので、それなりには拡散していますが、まだ不十分です。

一方で次のページにある「住宅ローン控除改正案」という文字を入れた投稿は約11万1700人に拡散しています。さらに注目してほしいのは保存数で、「この情報は役に立つ」と思って保存したユーザーが約2500人もいることです。この事例からは、Instagramで家作りや住宅ローンを勉強しようとする人が圧倒的に増えてきていることがわかります。家作りの情報をしっかりと発信しつづけることで、お客さんが集まって来る時代がやって来たのです。

2 集客につなげるためのInstagram活用法最新テクニック 北川 聖

保存される投稿を目指す

　今のInstagramにおける拡散のアルゴリズムでは、保存数が重要視されています。なんとなく写真投稿することをやめて、「このアカウントには保存したい役立つ情報がたくさんある」とユーザーから信頼される「心に届く情報」を投稿するよう心掛けてください。

文字入り投稿と複数枚投稿の有効性 ケース②

　ある工務店の運用実績を見ると、1枚の写真だけで一番拡散した投稿はリビングの写真で、4万8000人のユーザーが見て、フォロワーが23人増えました。

　一方、文字入り投稿にして、さらにしっかりと情報を伝える複数枚の写真を組み合わせた投稿では、一番拡散した時で21万人くらいが見て、フォロワーが180人増えました。この事例をみても、より拡散させるためには、やはり文字入り投稿、複数枚投稿の重要性が増していることがわかります。

2 ● 文字入り投稿と複数枚投稿の有効性 ケース③

　この「憧れの平屋暮らし」という文字を入れた投稿について工夫した点を説明します。この投稿は、9枚の複数枚投稿にしたところ17万人が見て、フォロワーが193人増えました。実はこの投稿は投稿直後の伸びが悪かったので、作り直して再投稿しました。

　最初の投稿は工務店のイメージカラーを差し色にしてシックなトンマナ（トーン＆マナー／統一感のある色やデザイン、スタイルのルール）に揃えたのですが、投稿から数日で7万人にしか見られませんでした。

　そこで「平屋」の文字を大きく、赤色にして、一番主張したい言葉がすぐに目に入るようにしました。ユーザーに刺さりやすくしたわけです。そのおかげで拡散数が2倍以上に伸びました。これも「確実に見たくなる投稿」を作るテクニックの１つです。

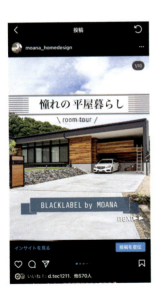

STEP 07

フォロワー数より
ホーム数で拡散力が変わる

　フォロワー数が最初の目安である1万人に届かず悩んでいる企業も多いと思います。ただ、フォロワーが多くても投稿の質が低ければ拡散は起こりませんし、逆にフォロワーが少なくても自社の取り組みをしっかりと伝えられれば、広い拡散が起こります。

濃いファンを示す「ホーム」の数が重要

　次ページの画像を見ると、工務店A（左）は、数はまだ少ないですが信頼関係の濃いフォロワーを約1300人抱えています。そのため質のいい投稿には4496人がリーチしています。一方、工務店B（右）は約1万1000人のフォロワーがいるもののリーチ数は3221人です。この違いがなぜ生じているのでしょうか。それはホーム数の違いです。

　ホームとは投稿を見たフォロワーの数です。工務店Aはホーム数が511人とフォロワーの約4割がしっかり見てくれているので、拡散が起こっているのです。工務店Bのホーム数は325人とフォロワーの約3パーセント。こうなると質のいい投稿をしても拡散が起こらないのです。このホーム数は「信頼関係が確立しているファン、身内」と考えてください。

2 集客につなげるための Instagram 活用法最新テクニック

北川 聖

ファンを作るアカウント運用を

今後はやみくもにフォロワーを増やす運営だけでは効果が上がりません。自社の取り組みやメッセージをしっかり発信してファンを作るアカウント運営が大事になってきます。そして、投稿をしっかりと受け止めるホームの数が上がれば、たとえフォロワーが少なくとも集客につながるのです。

拡散における注意点

質をともなった濃いフォロワーを増やさないと、
逆に投稿が拡散しなくなることがあります。

STEP 07

フォロワー数よりホーム数で拡散力が変わる

STEP 08

リール投稿の準備と録画・色み修正のコツ

集客につなげるためのInstagram活用法最新テクニック　北川　聖

　いろいろなSNSで動画の投稿コンテンツが人気を博している今、Instagramのビジネス利用でもリールをおおいに活用しましょう。第1章ではリールの基本的な使い方を説明しましたが、ここでは投稿前の準備段階で気をつけてほしいテクニックを紹介します。

1080HDで録画する

　スマートフォンでは高画質の4K動画を録画できますが、リールでは1080pのHD動画という、4Kよりも低い画質でしが動画を表示することができません。

　また、スマートフォンではフィルムレートが1秒60コマでなめらかな動画を撮ることができますが、リールでは1秒30コマとなめらかさが減ってしまいます。

　そこで、最初から1080HD、1秒30コマで録画することをおすすめします。

画像の色みを調整する

　色みをはじめとしたさまざまな調整ができます。色みの調整はユーザーの興味をひくための重要な作業です。工務店の場合は、

室内の動画を撮影する機会が多くなりますが、室内の動画の色み
は光の関係でオレンジ色っぽくなったり、明るさが想定とは違う
ものになりがちです。そこで以下の調整がポイントになります。

POINT①

編集画面下にある「暖かみ」「露出」「明るさ」「ハイライト」などの機能できれいに見える色みになるよう調整する。

POINT②

「シャープネス」で被写体の輪郭がくっきりと引き立つように調整する。

POINT③

「彩度」を上げておくと壁の質感がほどよく出る。

表紙の作成

　録画と色味の調整が終わったら、画面右上の「カバー」をタップして表紙の準備に入ります。ここで動画のワンシーンから好きなカットを表紙に選ぶことができます。また、動画ではなく、用意していた画像から選ぶこともできます。

　そして、もう1つ気をつけていただきたいのは、リールで表示される動画の縦横の構成比は9対16がジャストフィットということです。この縦横比がリールの表紙のサイズとなります。ですので、動画から表紙を作る場合は9対16で録画してから表紙用の画像を保存して、タイトル文字を入れてください。

プロフィール画像の作成

「プロフィール画像の切り取り」をタップしてプロフィール画像を作成します。グリッド上でどのようにプロフィール画像が見えているのかをチェックできますので、タイトル文字が見えていない場合は、見える位置にくるように調整してください。

さあ、リールを投稿！

　ここまでの準備が終わったら、あとは用意していた商品などを紹介する文章を貼り付けて投稿、ユーザーにシェアするだけ。Instagramが用意している音楽はつけたほうが効果的です。

　動画投稿と聞くとハードルが高いと感じる方もいると思いますが、慣れてしまえば、写真投稿とさほど違わない手間と時間で投稿できます。

録画する、動画をきれいなビジュアルに調整する、タイトル文字を入れて表紙の画像を9対16で作る、プロフィール画像を作る。この準備をしてからリールを投稿してください。

2

集客につなげるためのInstagram活用法最新テクニック　北川　聖

第3章

お客さまが
ファンになる情報を
拡散させる
投稿テクニック

nana

Instagramを始めて1年半でフォロワーが6万人超え。そんな人気アカウントに成長できたテクニックを公開。どうしたらニーズに応える投稿を作ることができて広く拡散していくのか。どうしたら熱心なファンが生まれるのか。そのカギを紹介しましょう。

STEP 01

インスタをバズらせる！

　私は2019年11月から、インテリアなどをはじめとした独り暮らしのお部屋や暮らしの情報を発信するインスタグラムを始め、1年半でフォロワー6万人超えを達成しました。最初は自分の部屋の記録として始めたのですが、写真の加工の仕方、文字入れ投稿、複数枚投稿など工夫を重ねることで、「私もこんなお部屋に住んでみたい」と共感してもらえて、フォロワーがどんどん増えていきました。

　今では本書の共著者である北川聖さんと企業のInstagramのアカウント運用も手がけています。ここでは、Instagramのアルゴリズムの仕組みも踏まえながら、私がフォロワー数を伸ばしていったテクニックを紹介していきます。

Instagramのアルゴリズムの仕組み

　アルゴリズムの仕組みは小さな変更が加えられつづけ、拡散の仕方は微妙に変化しています。しかし、基本的な仕組みのうち、次の2点は特に大事な部分として変わっていません。

POINT①

投稿されるとき、エンゲージメントを測定するために
フォロワーのうち、選ばれたグループ内にまず表示される

エンゲージメントとは「いいね！」や保存された数のことです。エンゲージメント率が高いほど、投稿は拡散されやすくなります。そして、「いいね！」がタップされやすい投稿、保存されやすい投稿かどうかを測定するために、「フォロワーのうち、選ばれたグループ内にまず表示される」ことが設定されています。つまり、フォロワーのうちの、フォロワーと親しいユーザーや、同じジャンルのことに興味を持つユーザーなどの反応をチェックしたうえで、拡散されていく仕組みが作られていくということです。

そこで私の場合はお部屋の情報に興味のある同世代の女性とつながっていくことで、インテリアというジャンルの中で、私のアカウントの存在感が増し、拡散しやすくなっていったのです。

工務店などの企業がビジネス利用する場合は、「自分たちはどういう会社で、何をしたいのか」「どういう目的を持つ人たちに集まってほしいのか」という方向性を定めて、的確にフォロワーを増やしていけば、選ばれたグループ内に投稿が表示され、拡散が起こっていきます。

POINT②

最も交流しているジャンルのコンテンツがより
タイムラインの上部に表示される

私のアカウントでは、独り暮らしのお部屋の情報を探している方がたくさん集まっています。そのなかで濃いフォロワー（ファン）がたくさん生まれて人気のアカウントになれば、投稿がタイ

STEP
01
インスタをバズらせる！

ムラインの上位に表示されるのです。

　注意すべき点は、このようないい状況ができているときに、突然、ジャンル違いの犬の写真などを投稿すると、方向性がぶれて表示順位が下がってしまうことです。ですので、大事なことは濃いフォロワーを集めて、同じジャンルの情報を投稿しつづけること。そうすると、私の場合は「お部屋」、工務店なら「家作り」を紹介するアカウントとしてコミュニティ内でしっかり認知される状況を作ることができます。この認知度が高まれば、Instagramのアルゴリズムの仕組みに乗って自然と投稿が拡散していくのです。

POINTのまとめ

・いい写真（神アングル）だけでは拡散しない！
・濃いフォロファー（ファン）がたくさんいること。
・自分のアカウントが特定のジャンルの人気コミュニティであると認知されること。

····· STEP 02 ·····

インスタのアルゴリズム 1次拡散の仕方

Instagramのアルゴリズムによって投稿が、直接つながっていないユーザーに広く拡散していく仕組みを説明します。まずは、フォロワーと直接つながっているユーザーに広まっていく1次拡散の仕組みです（次ページ図）。

フォロワーAさんの友達たちとつながる

1次拡散とは、フォロワーのAさん、Bさん、Cさんがつながっているフォロワーに投稿が届き、彼らが自分のフォロワーになってくれる現象です（次ページ図）。

1次拡散を起こすために必要なことはまず、Aさん、Bさん、Cさんが「いいね！」をタップしたり、保存したり、コメントをくれる間柄になること。そうするとAさん、Bさん、Cさんがつながっている彼らのフォロワーに、自分の投稿が自動的にオススメとして表示されていきます。その結果、Aさんのフォロワーが「Aさんが親しくしているアカウントなんだ」と意識して、自分の信頼度が上がり、フォロワーが増えるのです。

こういった「友達の友達に紹介される」1次拡散が起こると、身内のような濃いフォロワーを多く抱えるアカウントに成長することができます。

3 お客さまがファンになる情報を拡散させる投稿テクニック　nana

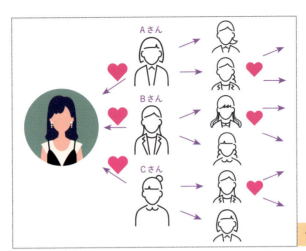

1次拡散

インスタのアルゴリズム 2次拡散の仕方

STEP 03

1次拡散が起こると、フォロワー獲得のさらなる大きなチャンスが訪れます。フォロワーの友達が自分のフォロワーになり、「いいね！」や保存をしてくれると、濃いフォロワーがどんどんつながって、同じジャンルのユーザーをInstagramが集めてくれるのです。これが2次拡散という現象です（次ページ図）。

Instagramが「似た趣味趣向」の人を集めてくれる

2次拡散が起こると何十万人、何百万人に投稿が届くことが現実となります。濃いフォロワーが増え、彼らが常に「いいね！」を押してくれるなら、Instgramのアルゴリズムは自分の投稿をもっとたくさんのユーザーに広めようとします。

InstgramはフォロワーのAさん、Bさん、Cさんと似た趣味趣向を持つ膨大な数のユーザーを知っています。そして、「だったらこのユーザーも気にいるだろう」と、住んでいる地域までも考慮して、彼らに投稿をオススメしてくれるのです。その結果、自分の濃いフォロワーと似た趣味趣向のユーザー、さらにはそのユーザーの背後にいる人にまで友達の輪が広がり、爆発的に自分のフォロワーが増えていきます。

私のアカウントでは2次拡散が起こっているので、何十万人に投稿が届き、フォロワーが増えていきました。この2次拡散が起こるためには、フォロワー数が5万人を超えないと難しいのですが、その数をクリアできれば、自分の住んでいる地域で自分を好きなってくれる人たちが自然に集まってくるのです。1次拡散、2次拡散の仕組みに乗って紹介されるアカウントを目指しましょう。

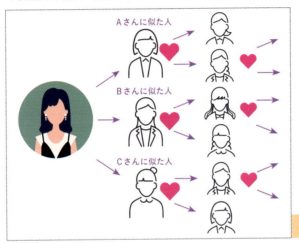

2次拡散

> ### インスタが先回りしてくれる
>
> 今、Instagramは写真を投稿して楽しむ存在を超え、必要な情報を得るプラットフォーム的な存在になっています。いわば、Instagramが先回りしてユーザーのニーズにあった情報を届けてくれているのです。だからInstagramを毎日チェックするユーザーが増えている状況もうなずけます。

STEP 04

アカウントの
トンマナをそろえる
～フォロワーの特性や個性を把握したうえで
ニーズのある投稿をする～

　アカウントを運用するにあたって、必ず意識してほしいのは「トンマナ」をそろえることです。トンマナとはトーン＆マナーの略語。投稿画像のデザイン、写真の雰囲気、字体、色使いなどの調子をそろえることを意味しています。

　フォロワーの特性や好みを見定めながらトンマナをそろえて、アカウントのイメージを統一することを意識してください。そのうえで、ニーズのある投稿をするかしないかで、拡散具合は大きく変わってきます。「自分は何者で、何をしていて、何を伝えようとしているか」を認知してもらうために、トンマナをそろえる必要があるのです。

● POINT① 色合いをそろえる

　まずは色合いをそろえましょう。私は淡いカラーリングでまとめたお部屋に住んでいるので、淡い色合いのお部屋と、文字入れ投稿の文字の見た目にギャップが出ないように気をつけています。工務店だと、名詞やホームページで用いている会社のイメージカラーで統一するだけで、きれいな見た目を演出することができます。

● POINT② 字体とデザインをそろえる

　色合いの次は、字体とデザインをそろえます。文字入れ投稿の場合はどの画像でも同じ字体を使うことが重要。なぜなら、フォロワーが投稿を見たときに、「あっ、お気に入りのアカウントの投稿だな」とすぐに意識させられるからです。そうすることで、すでに信頼関係にあるフォロワーに自然と見てもらえるようになるのです。

文字入れ投稿の作成におすすめのアプリ

私が文字入れ投稿の画像を作る際に使っている無料の"文字入れアプリ"は「Phonto」です。40種類の日本語フォント、400種類以上のフォントが用意されていて、簡単に好みの文字を入れることができます。また、デザインの雛形を作っておけば、それをテンプレートとして保存できるので、あとは画像を差し替えるだけで、同じテイストのデザインで投稿を簡単に作ることができます。私にとっての"神アプリ"です。

また、「Canva」という無料アプリはきれいなデザインテンプレートが用意されているので、写真を置き換えるだけで文字入れ投稿が作ることができます。こちらのアプリも便利です。

● POINT③　同ジャンルの投稿をする

　第2章「STEP 01 インスタをバズらせる！」でも、「同ジャンルの投稿を続けることが重要」と述べましたが、アカウントのトンマナ＝イメージをそろえる意味でも、その鉄則は同様です。

　私の場合は「お部屋と独り暮らし」というジャンルだけを投稿することでフォロワーを絞り込み、効果的にフォロワーを増やせています。逆に、一見ユーザーの性別と年齢層が合っているように思えるコスメ情報を投稿したときは、「いいね！」の数は少ない結果に終わりました。ですので、ジャンルをばらけさないで、同じジャンルを投稿しつづけることが一番効果的なのです。

● POINT④　1回の投稿で複数の写真を投稿する。

　写真だけの投稿でも、1つのアイテムを1枚だけ投稿するよりも、違う角度から撮った写真を加えた複数枚で投稿したほうが、ユーザーの滞在時間が延びて、フォローする動機につながります。Instagram を始めたばかりで、文字入れ投稿の作成に慣れていない方は、まずは複数枚の写真を投稿するだけでも効果的です。

● POINT⑤　写真のみの投稿と文字入れ投稿の注意点

　写真のみの投稿で伝えたいことが多い場合は、どうしても本文の文字数が増えすぎて読まれなくなってしまう可能性があります。そうすると「いいね！」にはつながりません。ただ、毎回文字入れ投稿だと、画像上の文字だけ見て、興味のある内容以外はユーザーが読まない可能性も出てきます。また、文字入れ投稿は画像の作成も大変です。そこで、写真のみの投稿と文字入れ投稿をバランスよく投稿していくことが必要になってくるのです。

写真のみの場合	文字入れ投稿の場合
伝えたいことが多い時本文の量が増えすぎる（読まれない可能性あり）	興味ある内容以外は読もうとしない可能性（記事の作成も大変）

🔴 POINT⑥ 複数枚投稿の場合、最後のページには プロフィールに戻ってもらえるような促進画像を入れる

　写真のみの投稿、文字入れ投稿をバランスよく投稿して効果的にユーザーに届いたならば、きっと「このアカウントを運営している人・会社をもっと知りたい！」と興味を抱くはずです。そこで、複数枚投稿の場合は、最後のページにプロフィールを見てみようと思わせる促進画像を入れると、フォロワーの獲得がより促進します。

　この促進画像を最後のページに置くことで、自分のアカウントをタグ付けできます。プロフィール画像に戻りやすくすることで、フォローするきっかけを作るというわけです。促進画像なしで投稿すると、見終わったあとに、別のアカウントの投稿に移動してしまうので、それを防ぐためにも重要です。

ユーザーの心理をくすぐる

Instagramのビジネス活用においては「保存版！」「必見」「「いいね！をお願いします」「このお役立ち情報をぜひ保存してください」「詳細はホームページにて」という文章を、たとえば投稿文の最初などわかりやすい場所に大きく書いておくと、ユーザーの「だったら、そうしようかな」という気持ちにつながりやすくなります。

投稿を見たユーザーに、次はどういう行動をとってほしいのか、最終的にどうしてほしいのかを明確にした投稿をしましょう。

STEP 05

アクション数＝
保存を増やす

　人気のアカウントに成長し、フォロワー数が伸びつづけるには「アクション数＝保存数」を増やすことが重要です。ここでは1枚の投稿の場合と複数枚の投稿をした場合を例にして、似たタイプの写真で説明していきます。

まずはトライしやすい複数枚投稿にチャレンジ

　文字入れ投稿は、Instagramを始めたばかりの方にはハードルが高いですが、まずはトライしやすい複数枚投稿にチャレンジしてください。私のお部屋の写真では、この1枚投稿の場合は約9万人が見てくれていますが、複数枚投稿では26万人が見てくれました。違いはテーブルの上に料理を置くかどうかのアレンジ＝演出です。

1枚投稿の写真

複数枚投稿の写真

　1枚の写真では約100人、複数枚投稿の場合は約450人が私のホームページに来てくれました。なお、複数枚投稿を保存してくれたのは約3800人です。

　ちなみに私のホームページとは楽天ROOMで、私が使っているインテリアやこれから使いたいインテリを紹介しています。楽天ROOMのURLはプロフィールに貼っていて、ファンになってくれた方が楽天ROOMでお買い物をしてくれています。しっかりと運営することで、私が使っているインテリアや雑貨をほしいと思ってくれる方が生まれているということです。

　このホームページ訪問数の結果を工務店にたとえると100人だと1件、450人だと4件の資料請求を依頼されてもおかしくない数字です。フォロワーの好奇心をくすぐる投稿ができれば、「この工務店に相談して家を建てたい」と思う人が増えますので、複数枚投稿を活用してください。

STEP 05 アクション数＝保存を増やす

149

STEP 06

「バズった」ときの
インサイトは？

　インサイトとは直訳すると「洞察」「見通し」を意味する言葉です。第2章でも説明していますが、Instagramのインサイトでは投稿に対するさまざまな数値を見ることができます。ここでは私の一番「バズった投稿」での注目してほしい数字を見ていきます。

札幌市の人口と同じくらいのユーザーに拡散

　右の2つの画像が私の一番「バズった投稿」の1枚目の画像とインサイト画面です。投稿が開かれた数を示す「リーチ」は190万人で、これは札幌市の人口とほぼ同じです。そして、この1回の投稿で約2100人がフォローしてくれました。

　もう少し詳しく見ていくと「発見」が約22万人。これはトップの画面下にある虫眼鏡のアイコンを押して情報収集してくれた方の数です。私のプロフィールを見てくれた方は約4万人、私のフォロワーに投稿が表示されて、その方のフォロワーさんも含めて見られた数の「ホーム」は約1万8000人でした。この投稿をした時のフォロワー数は約2万人だったので、見てももらえた数はその90パーセントに及びました。

STEP 06 「バズった」ときのインサイトは?

バズるためにはホームからの インプレッション数を増やせ!

「インプレッション」とは「投稿されて見られた合計回数」のこと。この投稿では約230万回です。バズるためにはフォロワーと、その友達も含めた閲覧回数を伸ばすことがカギになります。

一方、アカウントを運用している工務店ではフォロワーに対するホームの数が90パーセントに及ぶ例は見たことがありません。工務店の場合はしっかりと運用していれば「ホーム」の割合が10パーセントに達し、拡散が起こっています。このレベルに達すれば質のよいアカウントと言えるでしょう。

もし「ホーム」の数が少ないようなら、「身内」となってくれる濃いフォロワーを増やす必要があります。そうすると拡散させるための対策をとれるようになります。「ホーム」の数をチェックして、「インプレッション」が伸びるよう心がけてください。

やみくもにフォロワーを
増やせばいい時代は終わった

トンマナとジャンル、フォロワーの特性と個性を意識した投稿でいかにフォロワー数に対する「ホーム」の割合を増やすか。今はこれがカギで、実践できたらリーチ数もインプレッション数も伸びて、投稿が「バズる」のです。つまり身内でありファンである濃いフォロワーをいかに増やすかに注力しましょう。

STEP 07

お得ネタは
リーチが伸びる

「インプレッション」は投稿が見られた回数ですが、「リーチ」とは投稿を見た人の数になります。では、どのような投稿がリーチされやすいのでしょうか。

お金のネタは保存されやすい

　前のページで紹介しましたが、190万リーチを記録した私の一番"バズった投稿"は6枚の複数枚投稿でした。「なくてもいいけど　お金をかけてよかったもの」という文字を入れた1枚目に続く、2枚目、3枚目の写真はこのような展開になっています。
「バズった理由は「お金」という文字がユーザーを惹きつけたのだと思います。第2章でも住宅ローン控除という「お得ネタ」を投稿したところ、たくさんのフォロワーに届いた話をしましたが、やはりお金の話は広く拡散して、保存もされやすいのです。

························ STEP 08 ························

バズる投稿は最初の 30分で決まる！

バズるかどうかは投稿した直後の30分で決まります。私の一番バズった投稿は、30分で1000の「いいね！」がつきました。30分で「いいね！」が1000を超えると、好みが似ているユーザーから多くの「いいね！」を押してもらえる状況になります。

そこで、投稿直後はインサイトの数字を見て、ユーザーの反応をチェックすることが重要。もし初動が伸び悩んでいる場合は、いったん投稿を取り消して、文字の入れ方や写真などを直して、再度投稿しましょう。

何を投稿しようか迷ったら？

「何の情報を投稿すればいいのかわからない」と悩むことがあると思います。そんなときはネタ探しから考えはじめると効果的です。たとえば、お金にまつわるお得な情報や、工務店なら家を建てたい人が絶対に知りたい情報を投稿すれば、「ここの工務店の情報は勉強になるからフォローしよう」と、ユーザーの気持ちが動くのです。また、ライバル工務店をチェックして「いいね！」の多い投稿を参考にすることもオススメです。

STEP 09

ユーザーの滞在時間を長くする

　ユーザーが投稿に興味を持ってじっくりと読んでくれる状況、つまりユーザーの滞在時間を長くする工夫も大事。そのためには投稿が最も読まれる時間帯を見定めて投稿することが必要です。

読まれる時間に投稿する

　投稿する時間帯を意識することはとても大切です。せっかくいい情報を投稿しても、多くの人がInstagramを利用していない時間帯だと見てもらうことができません。インサイトを見れば、時間別に投稿が読まれている数字をチェックできますので、もっとも読まれている時間帯に投稿しましょう。

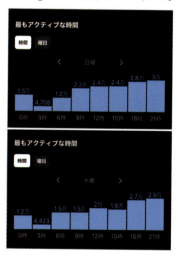

「お部屋情報と独り暮らし」をテーマにした、私のアカウントでは平日は18時から21時、土日は12時、18時から21時に投稿が多く読まれています。

この投稿時間の意識は工務店のアカウントでも必須です。文字入れ投稿やルームツアー的な複数枚投稿は有効ですが、毎日投稿するとなると大変。ならば、効果的な曜日と時間帯を狙って投稿しましょう。具体的には金曜日の夕方、ユーザーが仕事を終えて帰宅する直前の時間帯です。そうすると金曜日の夜や、土日の週末に投稿を見て「いいね！」がタップされやすく、保存されやすい状況を作ることができます。

この「金曜日の夕方」「文字入れ＆複数枚投稿」を繰り返した工務店は、投稿のたびに10万人くらいが見て、フォロワーが増えつづけています。

せっかく投稿するなら、ユーザーがたくさん見ている時間帯に初動を稼いで拡散させましょう。

STEP 10

ファンを増やす

　ファンを増やすためにはフォロワーの特性を分析することが重要です。性別、年齢、居住地域などを把握したうえで投稿すれば、フォロワーやその友達にリーチしやすくなります。

フォロワーを分析する

　私のアカウントのインサイトを見ると、おおよそフォロワーの90パーセントが女性で、年齢層は18歳から24歳が30パーセント、25歳から34歳が60パーセントを占めています。住んでいる地域は大阪、横浜の方が多いことがわかります。

　この数字を自分のインサイトでチェックして、狙っているターゲット層とずれがあるようなら、そもそもアカウントの方向性が間違っているということなりますので、早急に見直してください。想定のターゲット層が確実に集まっていることが、ファンを増やすための鉄則ですので。

人気のアカウントの傾向を見て軌道修正

　フォロワー数が伸びている同ジャンルの人気アカウントには、「ほかとは違う理由」があります。いい結果が出ていない場合は、その人気アカウントの傾向を調べて、自分のアカウントと比較して、プロフィールの書き方、投稿の質、写真の撮り方を変えてみるだけで、フォロワーの反応が変わってきます。自分よりもフォロワーが多い類似アカウントを参考にして、方向性を寄せていくことも、伸び悩んでいときには効果的です。

工務店の投稿は可愛くする必要なし！

　工務店のアカウントを運用していて思うのは、「Instagram＝女性が使っている写真アプリ」というイメージが強いために、年配の方が無理に可愛い画像を作ってしまうケースが多いことです。その結果、狙っているターゲット層には届いていません。

　実際、Instagramは40代から60代まで多くの男性ユーザーも利用しています。ですから、アカウントのイメージを女性向けのテイストにする必要はまったくないのです。

　「家作り」に興味を持つユーザーが好むトンマナを意識して、自分たちの工務店本来のカラーに合わせたアカウント運用をすることが、広く男性も好む家が売れることにつながります。

STEP 11

ストーリーズの活用テクニック

ストーリーズとは、24時間で消えてしまう投稿のことです。フォロワーのタイムラインに流れず、自分の投稿一覧にも残らない気軽さから、最近、人気を得ているスタイルです。

このストーリーズをうまく使いこなすことで、人気のアカウントに成長することができます。

ストーリーズの活用テクニック①
メンションを付ける

ストーリーズでは投稿した写真や動画に、関連するほかのアカウントを紐付けてユーザーに紹介することができます。この機能を「メンション」といいます。

メンションされたアカウントには、メンションされたことを伝える通知が届きます。そうすると相手のアカウントがお礼に「Aさんのアカウントがこんな投稿をしていますよ！」とフォロワーにお知らせしてくれます。これを「メンション返し」といいます。

相手のアカウントがメンション返しをしてくれることで、似た趣味嗜好を持つ相手のフォロワーをシェアすることができ、彼らが自分のフォロワーになってくれる確率が高まるのです。特に仲

3

お客さまがファンになる情報を拡散させる投稿テクニック　nana

のいいアカウントと「メンション」「メンション返し」を行なうと、より大きな相乗効果が見込めます。

> ### メンション活用のポイントと効果
>
> ①同規模のフォロワーに自分のアカウントを宣伝してもらえる
> ②同ジャンルのアカウントをストーリーで紹介してメンション返しをしてもらう
> 　　　　　　　↓
> 〈効果〉コメントしてもらうことでエンゲージメント率（ある投稿に対してユーザーが反応した割合）が高まる

工務店でもメンションは有効

工務店は同業他社との横のつながりが強い職種です。たとえば地域の違う仲のいい工務店同士がメンションを利用して紹介し合う流れができれば、そこから集客が見込めます。お互いに5000人のフォロワーを抱えていれば、1万人のフォロワーが両工務店のアカウントを行き来できると考えることができます。

また、美容院やカフェを施工したり、リノベーションした場合は、そのお店とつながって、彼らのお客さんに自分の工務店を知ってもらうこともできます。メンションを利用してフォロワーを行き来させて、お互いに成長していけると理想的です。

ストーリーズの活用テクニック②
コラボライブを行なう

ストーリーズには「インスタライブ」と呼ばれるライブ配信機能が備わっています。このライブ機能を利用して、同規模のアカウントとコラボライブを行なうことも有効なテクニックです。

コラボライブでは、事前にお互いのメンションを付けて紹介し合うことで、お互いのフォロワーを共有することができます。また、ライブの最中にお互いのフォロワーが活発にコメントしてくれるので、濃いフォロワーの共有にもつながります。

私が2つのアカウントとコラボライブを行なったときは、3つの

3 お客さまがファンになる情報を拡散させる投稿テクニック　nana

アカウントの合計フォロワー数が16万人で、そのうち3万人がライブを見てくれました。熱心なファンがいるアカウント同士でのコラボライブなら、大いに盛り上がり、相乗効果も抜群です。

　工務店とインテリア系のアカウントが組んで、たとえばショールームをデコレーションするコラボライブを行なえば、面白い動きになりそうです。

コラボライブ活用のポイントと効果

①同規模のフォロワーを抱えるアカウントとインスタライブを行なう
②事前にお互いのメンションを付けて告知する
　　　　　　　　↓
〈効果〉コメントしてもらうことでエンゲージメント率が高まる

ストーリーズの活用テクニック③
質問スタンプを利用する

　ストーリーズには、フォロワーから質問を募集して、答えを公開する「質問スタンプ」機能があります。この機能を使うことで、今まで遠慮してコメントできなかったフォロワーが、質問してくれるケースにつながります。質問と回答を行なうことで、より親密で深いコミュニケーションをはかれるので、濃いフォロワーが増えていきます。また、質問したフォロワーは離れ難いので、ファン作りに利用してください。

質問スタンプ活用のポイントと効果

①フォロワーから質問を募集する
②活発なコミュニケーションをはかる
　　　　　　↓
〈効果〉自分のことをより知ってもらえるきっかけ
　　　　になる
　　　　　　↓
　　　より濃いフォロワーが生まれる

インスタの機能をフル活用
商談ペースを早め、契約増加につなげる

　工務店にとっても、ここで紹介した「質問スタンプ」を使って質問と回答をまとめておくだけで、見学会の集客につながります。

　このようにストーリーズはもちろん、Instagramをしっかり運営すれば、自社の取り組みやスタンスをより理解してもらえるので、資料請求率も上がり、家作りの契約に至るゴールが近くなります。

　ホームページだけだと資料請求から面談、契約までに4〜6カ月くらいかかるのが平均的ですが、Instagramを通じて作ったファンは、すでに自社のことをよく知っています。最初から「家を建ててほしい」というスタンスで対面しますので、契約に至るまでの期間を短くすることができるのです。「自分たちのすべてを伝えるんだ！」という意気込みでInstagramを運用してください。

　それが商談ペースを早め、契約数の増加につながるカギをにぎっているのです。

おわりに

あのお店閉めたんだ……。えっ、ここも、閉めたの？

新型コロナウイルスの影響もあって、お客さまとの日頃からのコミュニケーションが途切れしまったお店や企業がたくさん発生しました。

宿泊業、飲食業、イベントなどの集客は、営業を再開したとしても固定客とのコミュニケーションがとれないと苦戦すると聞きます。

お客さまとのつながりさえあれば、再開の報告を瞬時にすることができます。新しい商品の通知がその場できます。

これまでは、店舗ビジネスは、店舗に来てくれないと商売になりませんでした。そのため、われわれ商売人は、お客さまとのコミュニケーションをとるためには来店時に精一杯のおもてなしをする以外にありませんでした。

ところが、その状況をSNSが一変させました。Twitter、Facebook、Instagram、TikTok、YouTube、Pinterest、そしてLINEとさまざまな無料で使えるSNSがわれわれの生活を大きく変えました。そして、商売の形も変えようとしています。

上に挙げたほかのSNSでも十分に活用できますが、中でもInstagramは写真に加えて映像ですべてを伝えられるツールです。

映像はリールを活用してもらえれば、住宅全体などの大きな範囲の情報を一瞬で伝えることができます。リールの活用は、たとえば、飲食店やアパレル、家具店の店舗や商品、新築住宅のインテリア、マンションや中古住宅の内外観、間取りも15秒の映像で、とても簡単に伝えることが可能です。

さらに、現在Instagramは双方向のコミュニケーションにも力

を入れています。ライブやメッセージ機能を使えば、大量のお客様との双方向のやりとりがスマホ1台でできてしまいます。個別のコミュニケーションもすべての商談がここで済んでしまうかもしれません。

　既存のお客さまにフォロワーになっていただく仕組みがあれば、いちいち手紙を送る必要もありません。DMだけではなく、商談も、販売も、契約もある程度スマホの中で完結させることができるのです。

　そのため、最近はインスタカウントを2つ目のWebと捉えて、コンテンツの充実を図る企業やお店がかなり増えてきました。

　ただし、これが完成形ではありません。いまだ過渡期にあるSNSですが、とにかく早く参入して質のいいフォロワーをどんどん増やして、実際の商売への送客に役立ててください。まだまだ遅くありません。Instagramの将来は今後5年、10年と続いていくのですから。

　本書をきっかけに、多くの小さい会社、店舗の売り上げアップに貢献できれば幸いです。

2021年10月　著者一同

※神アングルはMXエンジニアリングの登録商標です。

【監修】湊 洋一 （みなと よういち）

株式会社MXエンジニアリング代表取締役、一般社団法人き塾理事
1964年、石川県金沢市生まれ。
近畿大学理工学部卒業後、食品機械メーカーを経て、商社に入社。
2007年にコンサルティング会社設立にかかわり、役員に就任。
2010年末、同社を退職し、2011年株式会社MXエンジニアリングを創業し、現在に至る。MXエンジニアリングでは、住宅会社向けの断熱材の販売やセミナーの開催などを行ない精力的に活動。現在、200以上の工務店に建材供給などを行なっている。

北川 聖 （きたがわ せい）

1977年生まれ。愛知県立大学外国語学部フランス学科卒業
フランス菓子のパティシエを経て、三重県の工務店に入社し、営業・設計・輸入商材の仕入れ開発を経験。その後、愛知県の工務店に転職し、図面作成・キッチン製造・ネットマーケティングを担当。
2019年、インスタグラムを使ったネット集客のコンサルタントとして独立。現在、20社以上の集客支援に携わっている。

nana （なな）

20代女性、大阪府出身。
独り暮らしのお部屋や暮らしの情報をインスタグラムで発信し、2019年11月からの1年半でフォロワー6万人越え、インスタグラム関連からの最高月収50万円を達成。
2021年10月時点のフォロワー数は約7万人。
Instagramアカウント　@make.n.room
https://www.instagram.com/make.n.room/

インスタで売れないものはない！
Instagram集客の教科書［増補改訂版］

2021年12月16日　第1版第1刷発行

監修者	湊 洋一
著　者	北川 聖　nana
発行所	**WAVE出版**

〒102-0074　東京都千代田区九段南3-9-12
TEL 03-3261-3713　FAX 03-3261-3823
Email : info@wave-publishers.co.jp
http ://www.wave-publishers.co.jp

印刷・製本　**中央精版印刷**

ⓒ MINATO Youichi , KITAGAWA Sei , nana 2021 Printed in Japan
落丁・乱」本は小社送料負担にてお取りかえいたします。
本書の無断複写・複製・転載を禁じます。
NDC335　166p　19cm　ISBN 978-4-86621-377-4 C0036